千秋萬歳 自家自讃

古民家暮らし私流

千秋萬歳 自家自讃

古民家暮らし私流

contents

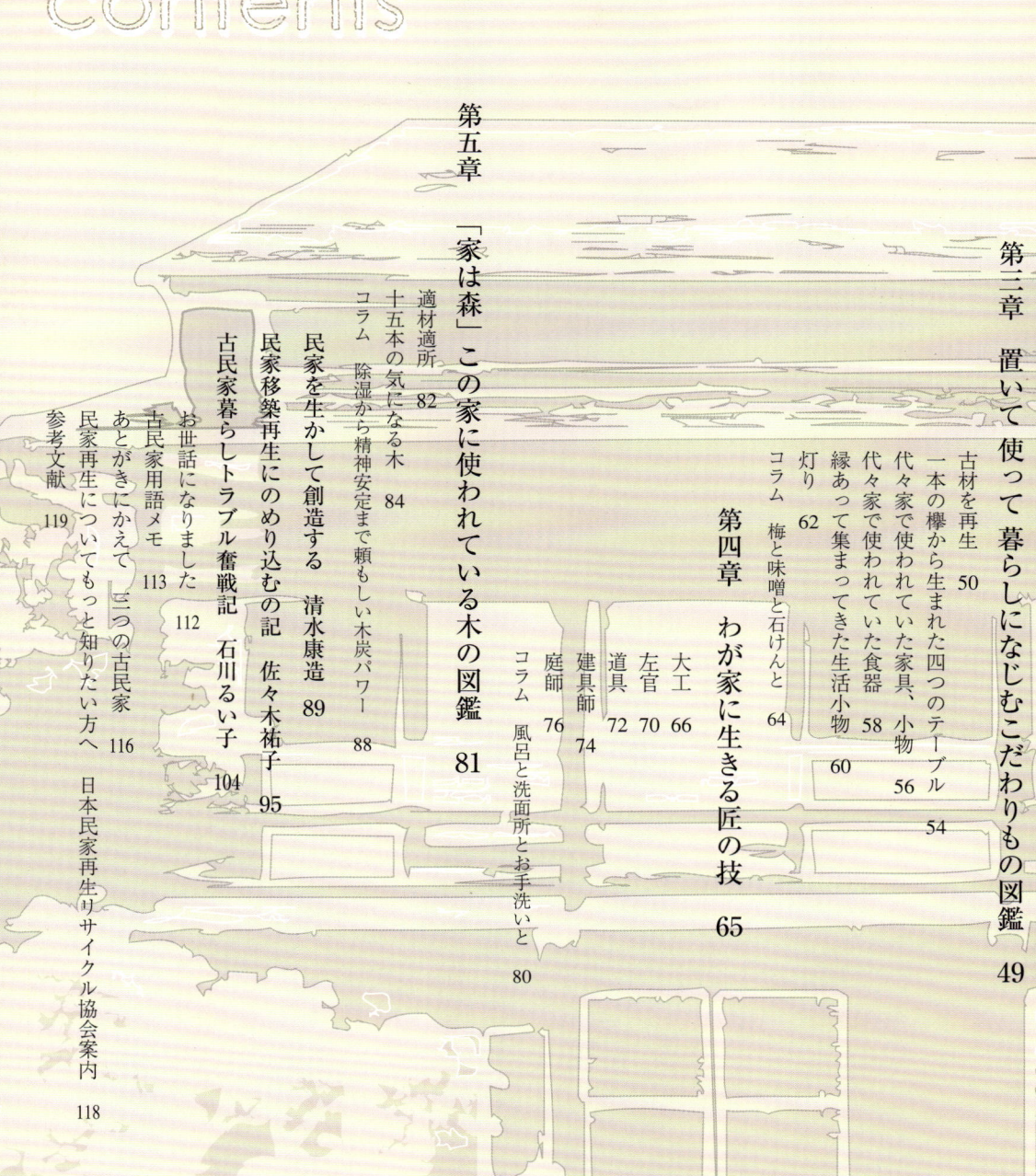

石川 嘉一

わが家を新築ならぬ、移築再生して丸三年の月日が流れた。

当初、家族の健康と環境を考えて、建て替えるなら木造住宅をと簡単に考えていた。

まさか江戸時代には旅籠《はたご》であった古民家を〝移築〟して文字通り〝再生〟するなどとは思いもよらぬことであった。

それが、ある建築雑誌の見開きページを何気なく見ただけで一気に移築再生へと駆り立てられてしまったのだ。

そのためテレビや雑誌等の取材で一番困ったのは、〝古民家移築再生の動機〟を問われることであった。

悠久の時を過ごす民家の柱や梁、その下では囲炉裏がゆったりと胡座《あぐら》をかいている……。

古民家の魅力は理屈ではなく、感じるもの、時間を感じ、時間を共有する、私が心の底で望んでいたのは、生活空間としての家ではなく、つまるところ人生としての家だったのだ。

余談だが、この家のほとんどの柱には、栗の木が使われている。

「栗といふ文字は西の木と書きて、西方浄土にたよりありと、行基菩薩の、一生、杖にも柱にもこの木を用ゐたまふとかや。

世の人の　見付けぬ花や　軒の栗

（奥の細道、須賀川より）」

栗の木が「西方浄土」の縁《えにし》を秘めているとすれば、栗の柱はまさしく御仏の心を宿すものだったのかもしれない。

思い起こせば、設計の打ち合わせから一年有余……。

群馬県渋川市、旧三国街道沿いにある持ち主の都築家を訪ねたのは、六月始めのことだった。

梅雨晴れの青葉の香りが蒸せ返る木立ちを縫って、渋川から下り、峠近くで車を降りる。旧三国街道に面して、山本屋、江戸屋、中屋、そして越後屋と称したこの旅籠も、明治になって廃道となり、養蚕業に変わったという。

確かに、二階に上ると、蚕棚から養蚕に使われたと思われる用具類等が、暗い部屋の片隅に所在無く積まれていた。

旅籠の名残りと言えば、釣り天井の残骸があったのには、正直驚いた。

柱梁《ちゅうりょう》の夢

釣り天井とは、天井が落ちて来るものとばかり思っていたが、天井裏に仕組まれた土砂が落下する仕掛けになっている。

成る程、土砂を落とすたびに天井を作り変えていたのでは、費用が大変と、妙な納得の仕方をしたものだった。

また、床の間の欄間は、牡丹に唐獅子の見事な透かし彫りで、秀逸な技術は素人にも一目で分かる。

牡丹に唐獅子は、桃山から江戸にかけて、特に武士の気風に合うものとして、屏風を始め装飾品に愛好されてきた。

この家の管理を任されている親戚の女性の案内によれば、この家は築二百年以上経っており、この先に陣屋跡があるが、この宿にも上級武士が宿泊したと聞き及んでいる、とのことだった。

三国街道は江戸時代、宿場町としてかなり繁盛していたことや、陣屋跡の存在を考えると、築二百年以上もむべなるかなである。

そして、近くには歌舞伎世話物、愛馬青との別れの場で有名な塩原多助生誕の地がある。「江戸本所に過ぎたるものが二つあり、津軽大名、炭屋塩原」とうたわれ、晩年には私財を投じ公益事業に励んだという。

この家の柱梁に身を寄せると、多助が青を連れて旅籠に立ち寄り、旅人の江戸の話に聞き入る姿が垣間見え、その密《ひそ》やかな声までが聞こえてくるようだ。再生した家の床下に備長炭を敷いたのは、多助の縁と思うのも一興であろう。

図面が出来上がり、平成十年の九月に契約にこぎつけた後は、引っ越し、解体、基礎工事、と季節を振り返る余裕も無いまま慌《あわただ》しく師走を迎え、正月も図面を見ながら冷たい雑煮をすする始末であった。一月末、上棟式の木遣《きやり》が雪渡りの風に響くと、私の胸にも安堵の思いが広がった。

今、竣工間近の我が家を振り返るにつけ、つくづく、「設計者」、「技能集団に支えられた工務店」、微力ながら「施主」の三位一体の渾身の業を思うのである。

清水氏の時間的な存在としての民家を見据えた、グランドデザインの確かさ、民家を「住まい」の観点から検証する佐々木氏、柔道ならさしずめ合わせ技一本の見事さである。

私は茅葺き屋根に寄り添い、二百年の眠りから目覚めた虎斑《こはん》の縄目跡のついた煤竹が、吹き抜けの杉板天井に、「吹き寄せ」という形で蘇った時には、思わずうなってしまった。

まさしく、「古民家再生」のコンセプトを具現する第一人者といっても、過言ではあるまい。

棟梁の岡田氏、無知の好奇心の赴くところ、お構いなしの質問攻めにしたこと、お詫び申し上げる。それでも嫌な顔ひとつせず、懇切丁寧に教えて戴いたこと、望外の喜びであった。

無垢の木は、それぞれが表情を持ち、人格に等しい木格を秘め、収まるべき場所を待ち望んでいる。

人に気心があるごとく、木にも心があることを、棟梁は能《よ》く承知している。

そして、好きな仕事ができる自分は幸せだ、と言い切る。自分が納得出来るかどうかが、勝負だとも……。

私は、棟梁に職人気質を見せて戴いたことに感激している。

民家が映える最高の化粧となると、それは「漆喰」に尽きるであろう。

左官の加藤親方には、「土佐漆喰」から「聚楽《じゅらく》壁」等の伝統工法を惜しげもなく披露して戴いた。

老眼になったら裏方にまわるしかないと、毅然とおっしゃったのには、改めて職人の厳しさに身が引き締まる思いであった。

鳶の美濃口頭、若い衆を引き連れた木遣も素晴らしかったが、寒風の中に立ち尽くし差配する姿は「男伊達」の極みと、ほれぼれした。

温故知新の精神が「心意気」となって木霊する……。

それぞれの持ち場で発揮される職人気質を語れば切りのないことだが、共通しているのは、常に、泰然自若として余裕があるということである。

確かな知識と技術に裏打ちされた自信がもたらす「余裕」は、「遊びの技術」を喚起し「遊びの精神」へと、昇華された。

日本の伝統技術の真髄は、畢竟《ひっきょう》「遊びの心技」に存するのではないだろうか。

なお、秋山庄太郎氏の門下、松浦秀介氏に、「民家再生」の撮影をお願いした。

氏の感性が撮る柱梁の夢は……。

第一章 わが家の陰翳礼讃

移ろう時。光と陰。古い旅籠の面影を宿した各部屋を紹介。

外からもどってくると、まず感じるのは妙にほっとする家の暗さだ。

蔵戸を持ってきた玄関の戸を開けて一歩家の中に足を踏み入れると、まさに蔵の中という感じである。

梁も柱も煤で黒いうえ、どの部屋も複数の白熱球で灯りを取っているため、部屋の隅々をくまなく照らすものがない。

何でもあからさまに見えればよいというものでもない。

年のせいか家の中が暗い分、心理的にはリラックスできる。

また、部屋の中が暗いと、外の景色がより印象的で美しく感じられることにも気づいた。

時間とともに推移していく光と影。そのあやなす陰翳の中で季節が移ろい、時が流れていく。

白い明かり障子を通して入ってくる光のやさしさ、光を吸うはんなりした白漆喰壁、格子戸越しに覗く外の景色の妖しさ、天窓や高窓から差し込む太陽の光のかけらなど、家のいたるところに我が家の陰翳礼讃を発見する毎日である。

そして又なんと肌触りの良い家かということも住んでみて発見した。

廊下の手摺りを伝って階下に下りるとき木のぬくもりと、百五十年前の大工の手のぬくもりが相まって、手斧《ちょうな》跡が手のひらに何とも快い。

米寿を迎えた姑が居間から庭を見ながら「この家に居ると、どこにも行きたくなくなるねえ」としみじみ言う。

庭は、母が二十数年の歳月をかけ、丹精を込めて作り上げて来たものだ。共働きの私たちを支え、二人の孫の世話をしながら精魂込めた庭である。

大正一桁生まれの、出雲の旧家に嫁いだ姑は、生まれも育ちも東京っ子である柔な私とは大違い。戦後は、慣れぬ畑仕事までやり抜いて家族を支えてきた気丈な女性である。考え方も生活習慣も百八十度違う。その分の葛藤もない訳ではなかったが。

その母と共に暮らして三十有余年。

母に任せっきりに近い子育てだったが、その子どもたちもなんとか無事社会人となった。

今度は私たちの番である。

四六時中仕事の毎日ではあったが、家の改築を思いたった。四年前である。

展示場を見たり、本やパンフレットや雑誌も暇に飽かせて読み漁った。

そんなある日、雑誌で古民家再生に取り組む建築家の話を読んだ。

「タイムスリップしたような家、そこに流れているだろうゆっくりとした時間……。」ふっと心が動いた。そして誘われるように、電話をした。

建築家といえばちょっと近寄りがたい存在に思っていたが、お会いした瞬間から、清水康造さんと佐々木祐子さんにはずっと以前から知り合いだったような親密感を覚えた。建築家を選ぶなら同世代の人と、本にあったがなるほどと納得した。

古民家の移築再生という我々の思い切った選択に、八十代の半ばを過ぎた姑は驚いたと思う。お金をかけて「古い民家」を持ってくるなど正気の沙汰とは思えなかったかもしれない。

庭を生かすこと、それが姑が私たちに課した条件であった。夫と私の願いでもあったが。

夫は長年たまりにたまった本が収納できる大きな書庫を持つこと、私は友達がいつきてもゆっくり話が出来る部屋を持つことが願いだった。そして、三者の願いを込めたこの家が出来上がった。

この家はもと旅籠だったそうだ。

夫から聞いた芭蕉の「奥の細道」の一文がふと心をよぎる。

月日は百代の過客にして、行きかふ年もまた旅人也。

思えば同行二人、私たち夫婦もまた旅人にすぎない。長い道中、旅するうちに大分重くなった荷を解いてこの宿に一時の休息を取らしてもらったという感じがしないでもない。

比喩としてではなく現実に「終の宿」になるかもしれないが……。


（写真／下村）

終《つい》の宿

玄関アプローチ

黒く太い栗の列柱は深々とした軒を支え、家に落ち着きと安心感を与えてくれる。柱を支える素朴な礎石の表情にも、風雪を耐え抜いてきたたくましさが宿る。

玄関の引き戸は、新潟の古い家から出た蔵の中扉。開け閉めするたびに重いくぐもった音がする。

鍛鉄《たんてつ》の取っ手をガタンとならして、一歩門を入ると、まず黄味を帯びた土佐漆喰の外壁と深い庇の軒下に続く黒い柱の列が目にとびこんでくる。

群馬の渋川、旧三国街道沿いにあった移築される前の家と同じ栗の柱、そして、礎石である。

旅籠として百五十年以上の風雪に耐え抜いてきたその柱と礎石の間から、四季折々表情を変える庭を左に眺めながら歩くと、蔵戸の玄関の前に立つことになる。

その間たった数歩に過ぎないが、一歩進むごとに家に迎え入れられていくという感じがいつもする。

玄関柱の横にある植木鉢は、朽ちかけた梁の一部を利用して作った。

煉瓦の門柱に檜の板と鍛鉄の枠と取っ手がレトロでモダンに調和。煉瓦は改築前からここにあったもの。未だに白い粉をふく。

玄関脇の裏木戸。余った古材で棟梁に作ってもらった。あまりに堂々としていて最初は玄関の蔵戸と張り合わんばかりだったが、しばらくすると雨風に晒され、分相応に納まってくれた。

玄関

重い蔵戸を開けて二坪の玄関に足を踏み入れると、懐かしい暗がりにすっぽりと包まれる。

玄関は少し暗いほうがいい。この暗がりから分厚い格子戸越しに覗く外の景色には不思議なやすらぎがある。


玄関の扉は家の顔でもある。どんなものになるのか楽しみだった。

「蔵戸を考えているんですが」という設計士のことばに期待がふくらんだ。

しばらくして、新潟の旧家から重厚な蔵の中扉が届いた。

玄関のたたきは敷き瓦。下駄箱の引き戸は古建具。バックの漆喰壁が飾り棚としての風格を与えた。

漆がけをしてほんのり赤く染まった堂々とした格子戸を見たときは、想像以上の素晴らしさにびっくりした。

この顔に相応《ふさわ》しい住人になれるのだろうか。心配である。

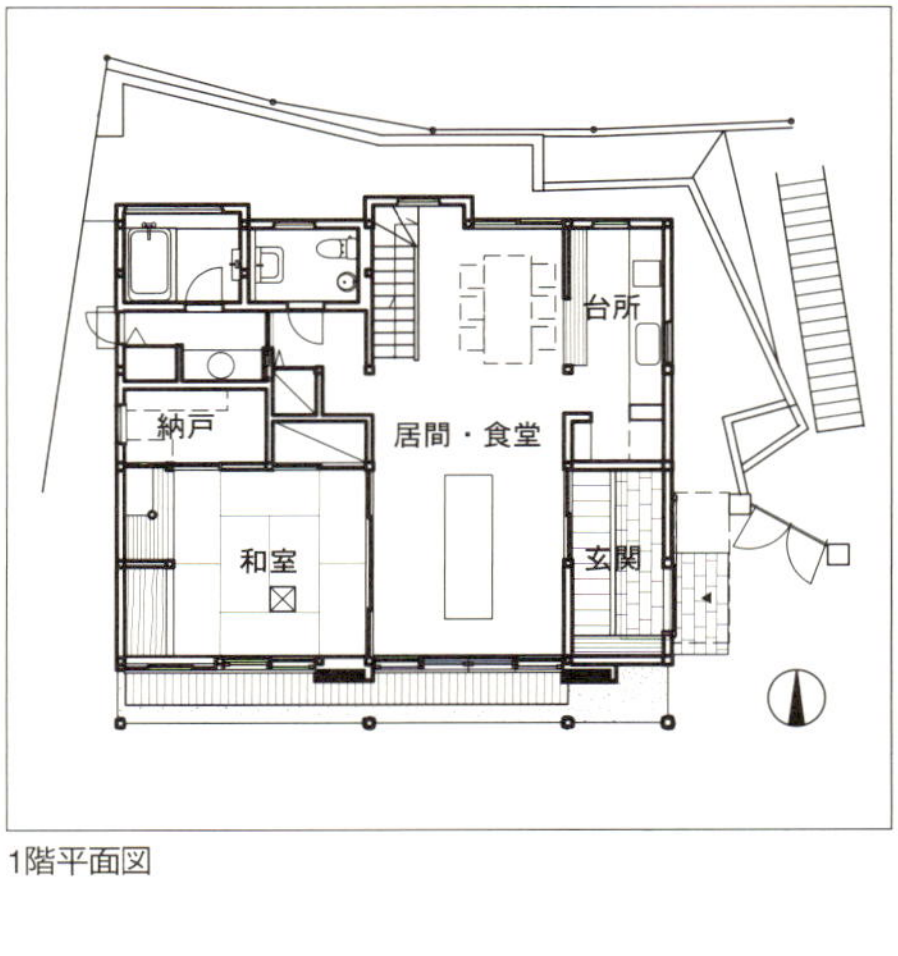

1階平面図

右壁の長押（なげし）とコート掛け。長押には槍の代わりに煤竹が掛けてある。

居間

玄関を上がって、中障子の引き戸を開けると居間になる。天井が低いため掘り炬燵式にした分厚い欅の大テーブルが、庭に向かって一直線に走っている。庭をながめながら趣味で集めた備前のぐい呑みで客とこのテーブルで一杯やる。夫の至福の時である。居間に続く北側の食堂の窓を開けると、部屋を風がうれしそうに通り抜ける。

八畳間の和室

この部屋の主は今年米寿を迎えた姑であるが、来客があると、違い棚の脇にある納戸《なんど》に、部屋に出ていたものをさっとかたづけ時々客間に変身もする。隣の居間とは欅《けやき》の一枚板の引き戸で仕切られていて、普段は戸を閉《た》てている。たった一枚の板戸だが、戸を閉てていれば、壁と変わらない遮断効果があり、開ければ居間と一つながりとなって、広々とした開放空間になる。設計の段階では、母の個室ということもあり、居間と和室の仕切りは漆喰壁を希望していたが、板戸にして正解だった。

竣工時の部屋。畳には炉が切ってある。

重厚感が漂う松の根太（ねだ）天井。寝ながら、天井板の木目や色合いの微妙な違いを目で追っていると飽きないと姑。

床の間の壁は聚楽壁というシックな土壁。

黒柿の炉縁。

床柱の長押にある意匠をこらした釘隠し。

部屋のしつらいによって、普段着としてもよそいきとしても使い回せる和室の使い勝手の良さを最も実感する部屋でもある。床の間の脇には先祖代々の過去帳を納めた仏壇があり、姑はここで毎日家族の健康と安全を祈ることを日課としている。

家に居る時間が最も長いのは姑だ。雪見障子から二十有余年丹誠を込めて作り上げた庭を眺めながら、ぼんやりと時を過ごすことがなにより好きと言う。

シンク前の小窓からお隣の玄関に時々人影がよぎったりするのを見ると、なんとなく心強い。のれんは元ゆたん。友人に仕立て直してもらった。

入り口には栗の古材柱。

居間から北側の食堂をのぞむ。左の階段は２階へ続き、
その真下には地下の書庫とガレージに続く階段がある。

家がひな段式の造成地の上の方に位置するので、食堂のテーブルに座ると前の家の２階と屋根がみえる。

気分転換のためテーブルの置き方を時々変えてみたりする。

食堂と台所

居間と食堂は一続きのワンルーム。間仕切りはない。食堂と台所はカウンターとのれんで一応仕切られているが、普段は煩わしいのでかけない。来客の時だけかけることにしている。のれんは、家にあった家紋入りのゆたん（たんす掛け）を友人に仕立て直してもらったもの。

台所は食器洗い機もあるシステムキッチンで、使いやすさを最優先させた。

食堂もシンプルイズベスト、「必要最小限の物しか置かない」を実行していたはずだが、物は増殖中だ。

階段

鍛鉄と古材の階段の手摺りは、
触れるたびに心が和む。

昼は窓からの外光、夜は壁の照明によって、階段の段板と鍛鉄《たんてつ》の手摺りが漆喰壁に変化に富んだ美しい影を落とす。

この階段の魅力はオイルステイン塗装の黒い米松の段板。何の変哲もない板の並びが、見る角度によってシルエットを変えることだ。

また、特注した鍛鉄の手摺りと、二階廊下の手斧《ちょうな》跡も荒々しい杉の手摺り。上り下りするたびに、その異なる手触りを楽しんでいる。

階段を上り切ると、北斜面の大屋根の天窓をいただく杉板天井が手を伸ばせば触れるくらい頭上間近に迫り、天窓から差し込む光が時間によって刻々と変化し、壁に梁に柱に光の破片を記していく。

階段上は頭がつかえるほど天井が迫っているが、圧迫感はない。

階段の上の小窓から見える空と庭木。

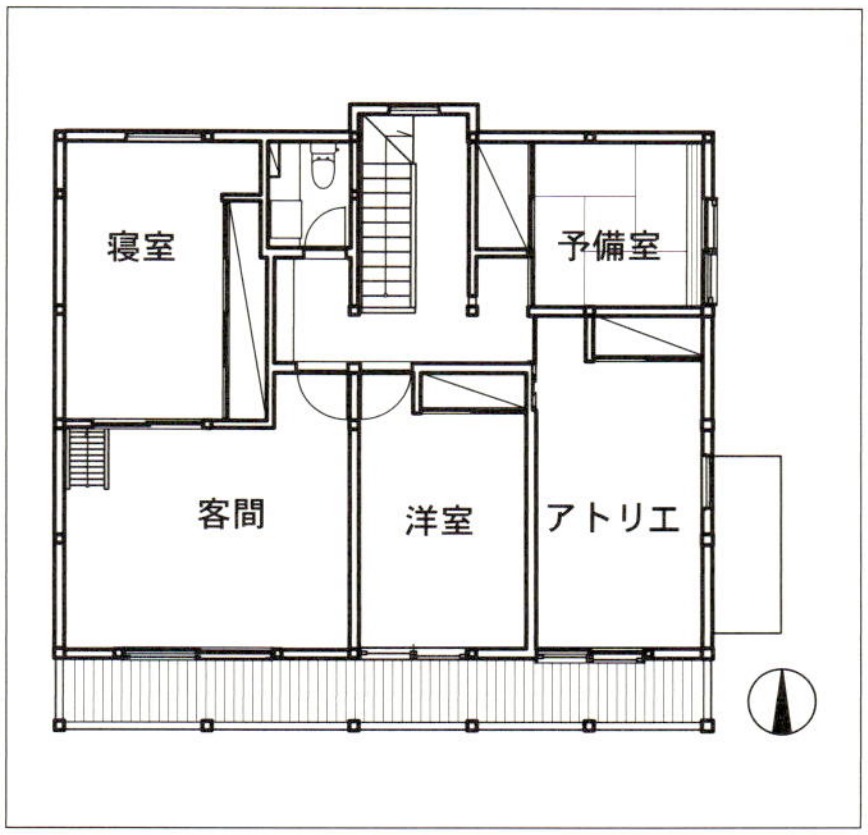

2階平面図

北に向かって急傾斜する杉板天井に走る梁。左上は天窓。

予備室の四畳半

二階の予備室は四畳半の和室。この家で最も小さい部屋になる。狭いからこそのやすらぎもある。

泊まり客があった場合は、ここに休んでもらうことにしている。

北斜面の大屋根の北東部に位置する部屋であるため、天井は斜めに急傾斜していて、純和室であるがモダンな感じもする。

しかも天窓があるため、部屋全体は大変明るい。が、夏の明け方は早く明るくなり過ぎ、ゆっくり寝ていられないというので、窓にロールカーテンをつけてもらった。

予備室ということもあって施主側の注文はあまりなくおまかせした。そのせいか最も気に入っているのはこの部屋、と設計士の清水さんは言われる。

早朝、東に面した地窓障子に映る庭木の葉影は動く墨絵だ。

廊下から予備室へと続くささやかなアプローチ部分。漆喰壁の角は美しい縄目跡のある煤竹でやさしくガードされている。

二階客間の吹き抜け天井

２階の客間の上のロフトから階下をのぞむ。床から天井の棟までは約7m。これだけの梁と束が縦横に組まれていても、決して重苦しさや圧迫感はない。黒々と太い梁がはりめぐらされたその真ん中を、オールドファッションの扇風機が緩やかに風をかきまわしている。

蔵にしまわれていた藍染めの布団カバーをベッドカバーにした。

客間と書斎兼寝室

「わーっ、すごいですね！」
居間から二階の客間に上がってきた客は、まず息を呑み、吹き抜け天井を走る梁を見上げることになる。古色に仕上げた杉板に、囲炉裏や竈《かまど》から立つ煙で燻されたつややかな煤竹を吹き寄せた天井だ。

この客間で、プロの声楽家に歌ってもらったことがある。美しい歌声とピアノが心に浸み入るように静かに響き、大変感銘深かった。太い梁、杉板天井等が優れた音響効果をもたらしたのかもしれない。

客間と称しているが、北側の書斎兼寝室とは千本格子戸で仕切ってあるだけなので、実は私たち夫婦の居間でもある。テレビを見たり、音楽を聴いたり、バルコニー越しに庭をぼんやり眺めたり。ここに居ると時間があっという間に経ってしまう。

寝室兼書斎は北向きで天井も低く、家で最も暗い部屋だが、その暗さがかえって落ち着く。

CD やレコードは、吹き抜け天井の高さを生かしてロフトに置いたスピーカーから聴くと、なかなかのものになる。

桂の古材の一枚板を根太と直角になるように敷き、その上にピアノを乗せた。これで、ピアノの重量を十分支えられるそうだ。

春には、障子を開けるとバルコニーの向こうに桜が。居ながらにして、花見が出来る。

ロフトのある洋間

二階には私たちの使っている部屋以外に二つの洋間がある。南東にある洋間は娘が絵を描くのでアトリエとしても使える様にと考え、天井を吹き抜けにして、画材などを収納できるロフトを作った。

しかし、アトリエとして使用するには少し狭すぎるらしい。

天井には黒々と梁が走りクローゼットの中を貫通し、隣の予備室に一直線につながっている。

この洋間と私たちの客間兼居間との間に息子の部屋がある。この部屋の天井は吹き抜けではないが、そのために天井裏には広い収納庫がとれた。

三つの部屋は漆喰壁で仕切られているだけだが、扉を開けない限り、漆喰壁に遮音効果があるのか、お互いの出す物音に寛容でいられる。

クローゼットの上にロフトがある。ベッドが入り、デスクが入った現在では全体をこのようにすっきり眺めることはできない。

クローゼットの内部に梁が貫通している。が、気にならない。

庭に面した開口部の障子は古建具。桟が細かく繊細で美しい。

二階バルコニー

元２階建ての旅籠だったメリットを
生かして作ったバルコニー。

第二章 古民家暮らしの醍醐味

漆喰と梁。戸の開け閉て。雪と桜。夜の灯り。
四季折々、時々刻々を楽しんでいる。

光の反射を絶妙に変えながら
居間から洗面所に続く漆喰壁。

無の空間美　柱と梁と漆喰と

寝室の上部の太い梁と根太（ねだ）天井の不思議な組み合わせ。

書斎の壁。梁と柱が描く線と面は、まるで抽象画の様。

古建具の千本格子のすき間から見た、まだ何も置かれていない寝室。

「置かない、飾らない」が古民家暮らしの鉄則だ。黒い柱と梁と古建具と、そして漆喰壁。それらがあるだけで十分美しい。

さらに光と影と時間が部屋の表情を豊かに変えてくれる。何も無くても、いや、無いからこその無の空間美が堪能出来る。

しかし、そこで生活していく限り何も置かないというわけにもいかない。「もし置くとしたら最小限のもので、しかも本物を」と設計士の清水さんに釘をさされた。

以来主人とあれやこれや置いてみては「本物とは何か」を考え続けているのだが、そう簡単に答えは出ない。

障子越しの梅見

冬枯れの庭に春の訪れを真っ先に知らせてくれるのが、つくばいと石灯籠の脇の梅。

雪の積もった枝の先に赤い花が寒そうにふるえていることもある。１階の和室の雪見障子から満開の梅を楽しむうち、やがて季節が巡って、庭の借景にある桜並木の開花が待たれる。

違い棚の棚板は塩地。床板は古材の桂。吊り戸棚と棚の間は煤竹をアクセントに。

飾る醍醐味　床の間と飾り棚

床の間や違い棚、飾り棚を飾るということは、その家のあらゆる意味でのセンスを問われることである。怖い空間だ。

逆に言えば飾るということを心ゆくまで楽しませてくれる空間ともいえる。

ぜいたくといえばぜいたくな空間でもあるが、家全体に広がりと奥行き、そして落ち着きを与えてくれる。

長い間しまい込まれていた家伝来の掛け軸や骨董の類が、季節や四季の行事に合わせ、また来客に応じて日の目を見、立派に役割を果たしてくれる。

2階の廊下にある飾り棚。めずらしい黒柿の棚板だけでも十分風情がある。

床の間の一輪の花が部屋全体の雰囲気を変えてしまう。

聚楽壁の床の間。杉のしぼり丸太の床柱に欅の床板、そして、透かし彫りの欄間。たった一畳の空間が様々な美を演出するステージとなる。

雪の日

「古民家」には雪がよく似合う、とつくづく思った。

関東一円にめずらしく雪が降った日、千載一遇のチャンスとばかり写真を撮ってもらった。

降りしきっていた雪がやみ、いつの間にか雲の切れ間から日がさし、雪見障子から覗いた庭の雪景色は輝くように美しい。

バルコニーや玄関アプローチも様相を一変させていて、まるで、そこは雪国のようだった。

見慣れた景色も降りしきる雪のバルコニーから見るとすっかり雪化粧されて、まるで別世界だ。

2階の部屋から雪見をする。

戸の開け閉《た》て

玄関の間仕切りを開けて、居間を覗く。

玄関の格子戸からもれる太陽が上がり框に描く光の縞模様。

部屋と部屋を仕切る建具の板戸や障子は、閉《た》ててあっても決して閉ざされたという息苦しさはない。

板戸であれば、漆などの塗りや木目の美しさが、格子戸なら連続する格子そのもののおもしろさが、障子は和紙独特の穏やかな白さと桟が、そのまま「用の美」として目を楽しませてくれる。

居間の障子を開けると、庭の景色と空気が部屋に流れ込み、部屋が晴ればれとする。

障子を閉てるとほっと落ち着き、薄明かりの中で、いつまでもじっとしていたくなる。

間仕切りを開け放つ

1階の居間と和室の間仕切りを開け放つと、2つの部屋が何の違和感もなく繋がって新たな部屋が誕生する。

古建具の魅力

客間と寝室を間仕切る千本格子。格子戸の間から覗く部屋はふしぎに謎めいている。

この家の建具が、全て洋式のドアやアルミサッシだったり、カーテンだったとしたら、きっと家の魅力は半減しただろう。

家の内外を仕切る玄関の蔵戸、部屋と部屋の間仕切りの板戸や格子戸、外と部屋を仕切る明かり障子など、家をどっしりと時に奥ゆかしく彩る建具は、古建具ならではの魅力がある。

移築前の古民家にはなかった古建具もあるが、元からあったかのように実に見事に調和している。設計の妙というべきか。

玄関の蔵戸の鍵穴。鍵職人の細工に欅の木目がよく似合う。

居間と八畳の和室を仕切る漆塗りの欅の一枚板の戸。閉ててあっても昼は庭からの外光が映り込み、閉塞感がない。夜は白熱灯のスポットに漆がつややかさを増す。

戸を開けると八畳の和室と居間が一体化する。

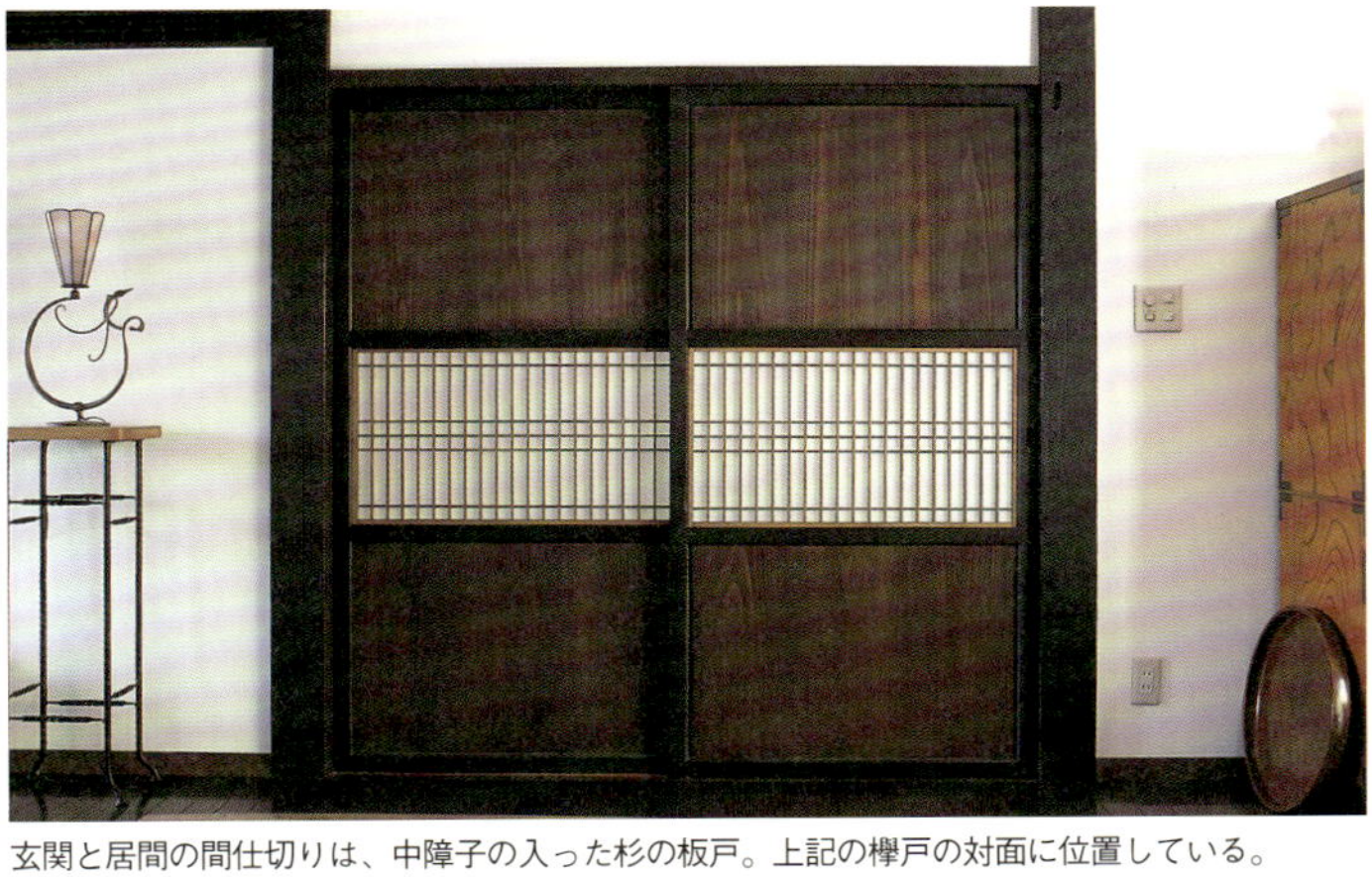

玄関と居間の間仕切りは、中障子の入った杉の板戸。上記の欅戸の対面に位置している。

しかし、実際に生活してみると問題もないわけではない。冬、エアコンや床暖房を入れるとたちまち木が乾燥してきて、反ったり縮んだり、欅の一枚板の戸には亀裂も生じた。逆に梅雨になると湿気をたっぷりふくんだ戸がふくらんできて、戸が開かなくなった。戸を削ったりして、三年目にしてようやく納まったが、古建具を使いならすのには、なかなか根気がいる。

明かり障子

八畳間の雪見障子から文字通り雪を見る。

今度の家ではカーテンは一切使わずに、どの部屋も障子にした。

白くて薄い紙を細い木枠に糊で貼っただけの障子だが、たった一枚の紙が、外の冷たい空気を遮断する力は、アルミサッシの三倍という。

白い和紙を通って差し込む光は、ガラス戸とは違ってあくまでも柔らかくそして優しい。この障子独特の採光が日々の生活をどんなに豊かなものにしてくれているかしれない。

障子のルーツは奈良時代、間仕切りに置かれた衝立で、現在の様な紙を貼った明かり障子になったのは鎌倉時代の頃という。以来約八百年、日本家屋の代表的建具としての地位を保ちつづけている。

その機能性とデザイン性が国際的に高い評価を受けているというのもうなずける。

2階の予備室には、地窓の障子があるため四畳半の狭さを感じさせない。

居間の障子は庭と部
屋を美しく間仕切る。

灯りをともす

夕方、庭の上から見た家の南側全景。

家の照明は原則として蛍光灯はさけ白熱灯を使用した。そのため外から見ると窓にともされた灯りが昔風に少し赤味を帯び、懐かしく暖かい感じがする。

庭の灯りとしては、石灯籠はもとからあったものだが、釣り灯籠は鍛鉄の作家に特注したもの。作家に家まできてもらって寸法をとってもらったが、出来上がったものを見ると大きくてびっくりした。

しかし、軒端に吊してみて合点がいった。栗の列柱に堂々と対峙するにはこの大きさが必要だったのだ。

夜、灯りをともして客をもてなすのが楽しみのひとつとなった。

夕方、釣り灯籠に灯りをともすと、夜半過ぎには一本のろうそくが燃えつきる。

第三章 置いて使って暮らしになじむこだわりもの図鑑

「置かない、飾らない」が一番。でも、やっぱり「置きたい、飾りたい」ものがある。

古材を再生

余った古材からは、設計士の清水さんと棟梁の岡田さんにお願いして、テレビ台、すのこ、乱れかご、踏み台など、実に様々な物を作ってもらった。

柱や梁など古材の風合いや肌ざわりを生かしたものばかりだ。

朽ちかけた梁の一部を切って、腐って穴が空いた部分に銅製の鉢を入れてそのまま花台とし、アイビーを這わせ玄関の前に置いた。

床の根太（ねだ）で作った堂々たるすのこ。漆掛けをして、玄関と地下の上がり口に置いた。

ロフトに上がる急勾配の階段梯子は移築前の家にあったもの。二つの手摺りは、煤竹と古材の丸木。新たにつけてもらった。

玄関の戸の心張り棒。細い杉の丸木を切っただけだが、蔵戸の玄関にはピッタリと納まった。

唐松の梁から作った踏み台。一階の床が高いので玄関と勝手口と洗濯場、それぞれ上がり口に置いた。

古材を再生

欅、槐（えんじゅ）、杉などの木片をスライスして作ったコースター。いろいろな木目があって楽しめる。

欅の箱の底に細い煤竹をポイントとして渡した。この乱れかごを棟梁が細やかな技で仕上げてくれた時にはびっくり。

玄関の壁に付けてもらった欅のコート掛け。壁に埋め込まれている。

桂と栗の端材から作った居間にある電話兼ファックス台。台の棚には、小物入れの箱等を置いている。

煤竹で作った火吹き竹。こういうもので火をおこしていたと思うと、懐かしい。

２階の客間に置かれているテレビ台。レコードプレーヤー、CDプレーヤーなどオーディオ機器はすべてここに集結させた。居間と母の部屋のものと合わせて３台もつくってもらったことになる。

設計士清水さんのデザイン画

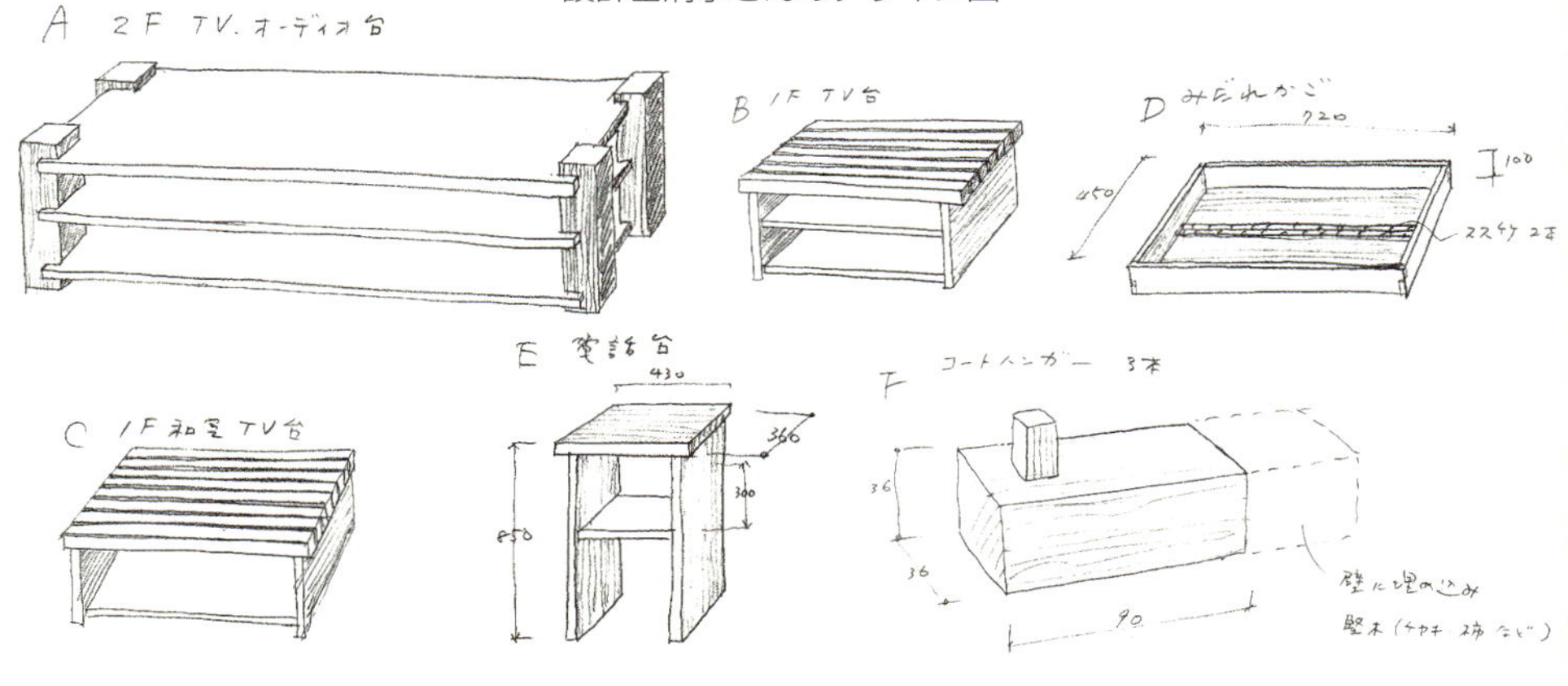

一本の欅から生まれた四つのテーブル

厚さ９cm長さ280cm幅90cmの長火鉢型の大テーブル。手前３分の２は掘り炬燵になっている。天板は、２枚の欅を中央でピタリと合わせ、まるで１枚の板のようにも見える。堅い欅の表面を鉋で削るのは至難の技らしいが、棟梁の入魂の技で削りあげてくれた。３年経って欅の天板が実にいい赤に染まった。

その美しい木目と堅牢さで高価な木の代表格の欅が、思いがけなくまるまる一本安く手に入った。

伐採してから乾燥させるために二十年近く待って製材したところ、虫食いが激しく、安く売りに出したという。

この木から、居間の大テーブルとダイニングテーブル、客間の座卓、そして、炬燵の天板、計四つのテーブルが誕生した。

長火鉢型掘り炬燵のデザイン画

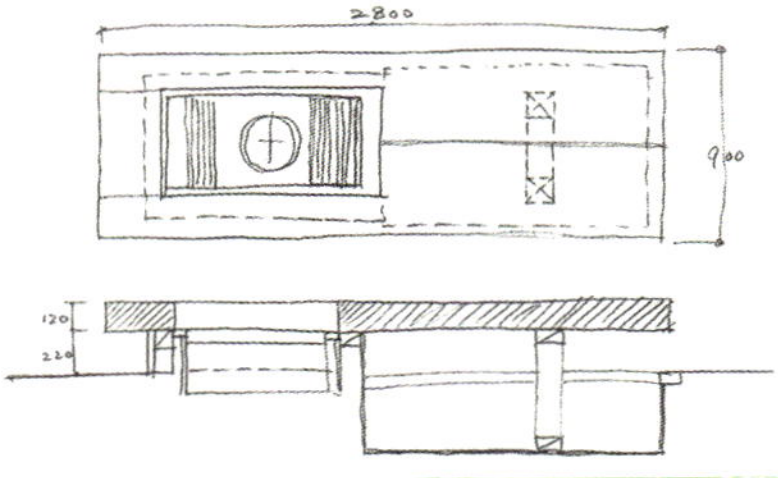

食堂の大テーブル。これに合う椅子を探すのが大変だった。やっと手に入れた時には、引っ越してから数ヶ月も経っていた。その間は、掘り炬燵式の大テーブルを使っていたが、食器の上げ下げは結構面倒だった。

客用の座卓。床暖房のせいで、木が大暴れし、まいった。しかし、欅の目を生かしたデザインは堂々として、客間の吹き抜け天井の下に鎮座している。

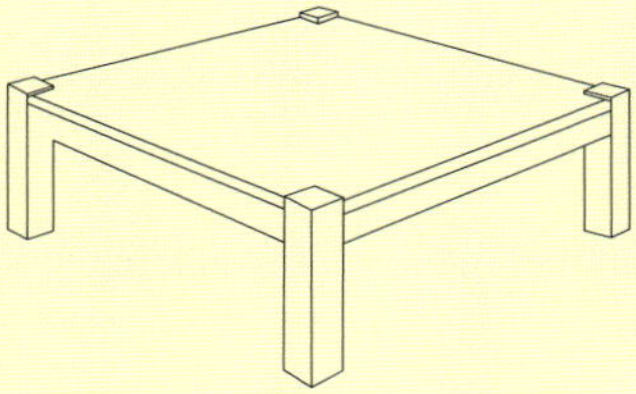

炬燵の天板。この板も冬、暖をとったとたんあっという間に反ってしまった。しかし、いつの間にか気にもならなくなるものだ。木というものは本来こうしたものだと、この家に暮らすようになって学習させられたせいか。

代々家で使われていた家具、小物

私が主人とその両親と一緒に暮らすようになってびっくりしたのは、その暮らしぶりのレトロさだった。当時二十代だった主人の普段着は絣《かすり》の着物、父は着流しまたはどてら姿、母は着物に割烹着だった。たんすなどの調度品をはじめ食器などの日常雑貨も、江戸時代から続く出雲の生家に伝わってきたものと知りさらにびっくりした。

漆塗りの箱膳。ときどき蓋を酢飯の飯台として使っている。

漆塗りの鏡。家紋の入った蓋を開けると金属製のぴかぴかの鏡が入っている。

これも祖母の嫁入り道具のひとつで、黒の漆塗りの小物入れ。嫁入り道具には実家の家紋を入れる風習があったという。

黒い漆塗りの裁縫箱。祖母の嫁入り道具のひとつだったという。

火熨斗（ひのし）。火をおこした炭を入れて使う昔のアイロン。

黒い漆塗りのたんす。鍵などの金物の細工が実に凝っていておどろく。

黒檀の煙草盆。

陶製の手あぶり用小火鉢。

酢鉢。酢の物を作る時に使われた大鉢。今は味噌作りに大活躍する。

花見のお重。その昔は、錫のとっくりに酒を入れ、お重にはごちそうを詰めて花見に出かけたという。

漆塗りの客用の膳。天保時代に求めたという箱書きがあった。

欅の盆。大中小と3枚ある。白木だった欅が何代にもわたって人の手でさわられるうちに、赤味を帯びたつややかな茶色になる。

欅の敷台つきの銅製の火鉢。

藍の手書き模様がおしゃれな陶製火鉢。

桐の客用火鉢。木目が面白い。

代々家で使われていた食器

箱書きに天保年間の日付が入っている器も結構ある。来客用の食器は二十客単位で蔵に納められていた。冠婚葬祭は自宅で行われていたというから当然の数だが。

姑が嫁に来た折りに出された祝い用の器を私たちの代では、惜しげもなく使って楽しんでいる。その分枚数が大分欠けてしまったが……。

ここに並んだ藍色の器は、使っている私たちが普段用と称しているだけで、出雲の生家の蔵で来客用として長い間眠っていた物ばかり。藍の色合いや筆あとも一つ一つニュアンスが異なり、形もいびつだったり、見飽きない。

カラフルに絵付けされた錦の器は、置いただけでテーブルが華やぐ。大ぶりの三段重の鉢や、縁が花びら型になっている絢爛の大皿に負けない料理を作らねば、と思っているが……、さていつのことやら。

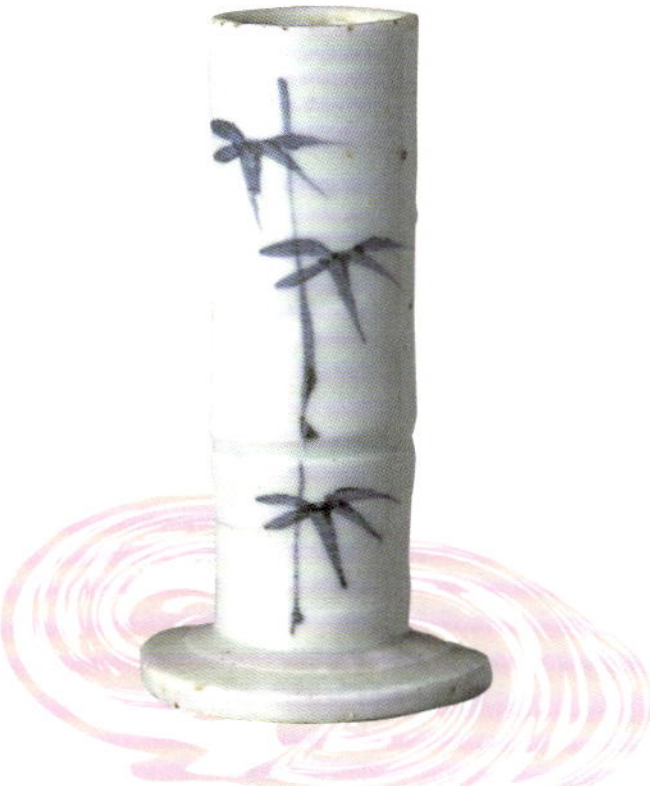

家で一番古いかもしれない線香立て。

そばちょこ。不ぞろいの網目模様が楽しい。

蓋つきのご飯茶碗。

縁あって集まってきた生活小物

長火鉢の必須アイテム南部鉄の鉄瓶。数回火鉢に火を起こして、鉄瓶でお湯を湧かしてみた。これもなかなか大変だった。

お歯黒に使われていた漿（かね）という液を入れていた壺ではといわれているが……？！

銭壺といわれているが、本来何に使われてきたものなのかは不明。

東北に旅した時、買い求めた伝統こけし。左は石蔵こけし、右は武蔵こけし。

コーヒーミル。陶器と木の組み合わせが気に入って購入。しかしこれでコーヒー豆を挽くのはなかなかむずかしい。

竹の菓子器。太い竹の根っこで作った珍しい器。いつのものやらどこのものやらよくわからないが、家では人気者。

ドイツの古いねじ巻き式の置き時計。

昔商家で使われていた銭箱。電話台の下に小物入れとして置いた。

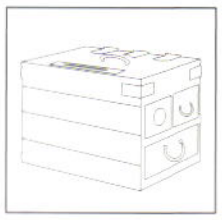

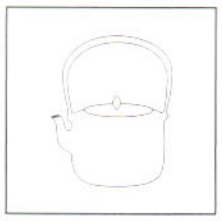

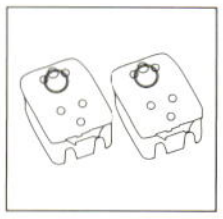

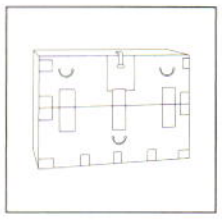

仮住まいしていた団地で使っていた陶製のブレーカー。かわいい形をしていて捨てがたいので持ってきた。

蚊取線香立て。雨樋で使った銅の端材で作った。古色に仕上げるため、銅は硫黄で燻してある。大工さんたちが現場で使っていたのをもらい受けた。

文机。欅材で作られた大中小、3つの机のうちの1つ。花台等に使っている。

李朝家具。2階客間の階段梯子の下に置いてみたところぴたりと納まった。ものの出し入れがややめんどうなので収納物は未だに考え中。

ベトナム製の木箱。米を保存する箱材で作ったものだそうだ。飾りっ気がないアジアン家具は古民家にぴったりだ。

鍛鉄のスタンド　釣り灯籠を作った鍛鉄作家の作品。
光を灯すと居間の雰囲気ががらりと変わる。

灯り

白の漆喰壁には、白熱球やろうそくがよく似合う。そしてまわりが暗ければ暗いほど、光は暖かく美しく感じるものだ。梁も柱も何かやさしく床《ゆか》しい。

玄関のコート掛けの上の白熱灯のスポット。

栗の梁の一部を階段の照明台にした。

松の柱の一部を切り取って同じく階段の照明台に。

鍛鉄の燭台。ろうそくは四国の内子町で買った和ろうそくだ。

コラム　梅と味噌と石けんと

梅酒だけではなく、他の果実酒にもいろいろ挑戦してみた。

庭の寒梅が咲く頃になると、いろいろ気ぜわしい。味噌作りの日程を出さなければならないと思いつつ梅が咲き出してしまうからだ。

手作り味噌は家族そろって、さらに息子や娘たちの友人までを巻き込んで、大騒ぎして作る。

前の家での初めての味噌作りには顔をしかめていた家族も、この家では何故か不思議に協力的だ。

味噌を作って○○年という友人知人からいろいろ手ほどきをうけながら励んだ甲斐があって、三年目にしてようやく家族から「おいしい」と言われるような味噌が出来た。

味噌を仕込み終わると、今度は梅。梅雨に入って、鬱蒼としてきた庭を見ながら梅の実を採り入れる日を思いめぐらす。去年はあまり採れずにがっかりしたが、今年の梅の実予想は果たして如何に…？

姑が何十年もやってきたことだが、これからは私の番だ。

今年の春から娘の手作り石けんが加わった。古民家では何故か手作りに挑戦したくなる。

手作り味噌と梅ができると、鰹節を削り、土鍋でご飯を炊いてみたくなる。

ある本がきっかけで娘は石けん作りに夢中になっている。

第四章
わが家に生きる匠の技

移築再生現場で見つけた、大工、左官、建具師、
庭師の見事な伝統の技。そのほんの一端を紹介。

大工

左写真の貫（ぬき）は柱の中で、下の図のような鎌継という継手でつながっている。

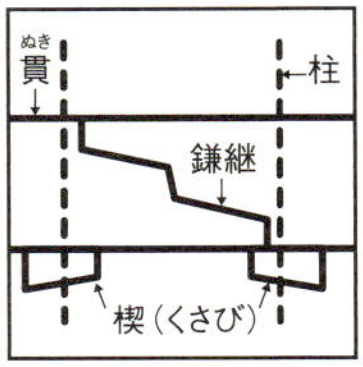

継手・仕口（つぎて・しくち）
木材を組み合わせて真っ直ぐにつなぐことを継手、直角につなぐことを仕口という。写真の柱を通っている板（貫）は一見すると一枚板のようだが、柱の中で二枚の板が棟梁の継手の技によって見事につながっている。

150年以上前の大工と現代の大工の技術が見事に組み上げられる。

古民家の移築再生は大工さんにとっては、スリルにとんだ大がかりな立体ジグソーパズルのようなところがあるのではないだろうか。解体された家を運んで又組み立て直すのだから。

十二メートルもある梁を何本も運び、現場で組み立て、反ったり曲がったりしている柱や梁を少しずつなだめすかしつつ元通りに納めていくのは本当に至難の技だろう。しかし、最後のピースが見事に納まった時の達成感は何にも代え難いと思う。また百年以上も前の大工さんの技を目の当たりにして襟元をただしたり、励まされもしたことだろう。現場に足を運ぶたびに、出来上がっていく家が大工さんと共に「そうそうその通り」と嬉しがっているような気がしてならなかった。

コラム　失われた技　手斧(ちょうな)はつり

「ぼくらより三十歳下のやつらは見たこともないんじゃない」と棟梁の岡田さんは言う。上の写真のような手斧を使って木をはつる、つまり木の表面をけずり取っていくのだそうだ。樹皮を剥いだ丸太はまずこの手斧ではつって柱や梁にする。「手斧跡も荒々しい」というのは、刃跡のことだ。又荒々しいこの技を修得中の若い大工は怪我が絶えなかったという。

この手斧はつりの技は電気鉋の登場とともに消えていく。

また、今は木材のほとんどが工場の機械で製材されているとのこと。

群馬からはるばる運ばれてきた大きな梁や柱がみるみる組み上がっていく。上棟前後の移築現場は壮観だ。大工さんたちの見事なチームワークと力技がいたるところで見られ、感動する。

２階床の下地部分。松の根太を入れ終わって、足場板を置いたところ。長い年月が経つうち、根太が曲がったり反ったりしてついた癖を、調整して元通りに納めるのはなかなかむずかしい。

上棟の頃の１階の和室。建て方の始めで、古材の栗の柱と松の梁を架けているところ。左の柱は２階に続く通し柱。梁の真ん中にある白い部分は柱の仕口。

※68、69頁の★印以外の写真はＧプランニング提供。

土台を敷いて12mの梁を運び終わったところ。これらを組み立てて元通りに納めていかなければならない。

★

バルコニーの柱の礎石。元の家では石の上に柱が載っていただけだったが、この家では石を四角く彫って柱をはめ込み、ボルトでとめてある。

★

上棟のころの車庫の上。白い木は新材。

２階寝室にあるクローゼットの上の３重の構造梁。上梁と下梁の強度をもたせるため、２つの梁を一番下の梁が受けて加重を左右に逃がすという工夫がされている。

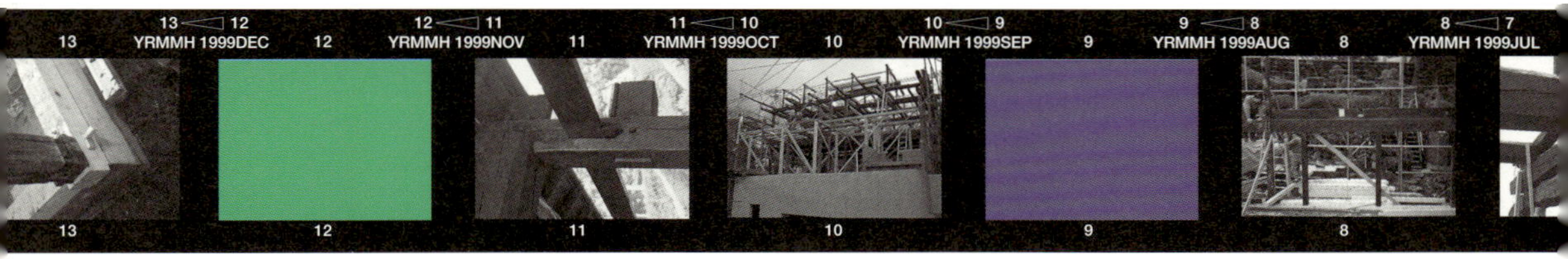

★

２階バルコニーの梁と柱。様々な梁を組み合わせて、最大限加重負担を押さえる工夫がされている。150年前の大工と現代の大工の技が力強く支え合っているような気がする。

古材の栗の柱を新材の檜の土台に納める。栗の柱の下の方にある仕口は敷居が組み合わされていた跡。柱が傷んでいたので40cmほど切り、柱と土台をとめるため柄（ほぞ）をつけた。

左官

床の間は聚楽《じゅらく》壁、外壁は土佐漆喰、内部は白漆喰と伝統の左官の技が駆使されている。いずれも現代失われつつある工法で新材を使わず、自然の土と漆喰の壁だ。現場で見つけた壁材や左官道具も味わい深く、思わず写真に撮らせてもらった。その一つ一つが伝統の技を支えていると思いながら。

家の外壁は、雨に強く耐久性に優れている土佐漆喰。

◀寒冷沙（かんれいしゃ）
萱や麻や科学繊維で出来ているメッシュ状のもの。仕上がり時のひび割れを防ぐために、壁に伏せ込む。

◀ひげこ
床の間の柱のチリ切れ（柱の際の壁のひび割れ）を防ぐために打ちつけるひも。壁が仕上がれば見えなくなるものだが、このような細心の気遣いが伝統の工法の神髄だ。

白漆喰材

白漆喰と土佐漆喰▶
白漆喰は、消石灰と麻のすさを合わせたものに角又（つのまた）という糊を入れてこね上げたもの。土佐漆喰は、塩焼きした消石灰に発酵したわらを入れて練り合わせ寝かせたもの。糊は入っていない。

土佐漆喰の塗り見本。初めは黄土色だが、年月とともに白っぽく変わっていく。

土佐漆喰※中塗り仕上げプロセス

1 土佐漆喰に聚楽土と川砂を入れる。
2 1にわらすさを入れる。
3 2をこね合わせる。
4 金ごてで下塗りした壁に3を塗っていく。
5 木ごてで表面をならし※引きずり仕上げをする。

※中塗り仕上げ
土佐漆喰は、下塗り、中塗り上塗りという順をふんで仕上げられるが、中塗りの段階で仕上げる方法をいう。

※引きずり仕上げ
塗り面にざらつきを残す仕上げ塗りのこと。

3

1

4

土佐漆喰中塗り仕上げプロセス

数少ない伝統の左官の親方加藤信吾さんの土佐漆喰中塗り仕上げを紹介。

2

5

土佐漆喰中塗り仕上げの材料

①土佐漆喰
②わらすさ
③川砂
④聚楽

道具

使い込まれた道具
はまるで美術品。

大工道具

両歯鋸（りょうばのこぎり）
木目の方向に切断する縦挽きと直角に切断する横挽きの両歯を一本にした鋸。
①尺鋸　上棟式前の構造材の加工の際、つまり荒仕事に使われる。
②九寸鋸　荒仕事用と造作用の両方に使われる。
③八寸鋸　造作用の鋸。

大入れのみ

叩きのみ

のみ
柱や梁をお互いに組み込ませるための加工の時に使われる。穴を掘ったり、凹凸をつける細工に欠かせない道具。大工道具の中で最も種類が多いと言われている。使い込むうちに刃と柄が摩耗して短くなり、写真のように長短の差ができるのだそうだ。
大入れのみ（おいれのみ）
主に造作材の小細工に使われる20cmぐらいののみ。玄能で柄の上を叩いて五分から一寸くらいの深さを彫る時に使う。仕上げのきれいさを要求されるため種類も多い。
叩きのみ（たたきのみ）
構造材加工の大きな穴を掘る時に使われる30cm〜36cmくらいののみ。三分から一分刻みで八分まである。

①曲尺（さしがね）直角を出し、材の寸法を測る角形の定規。
②墨壺　墨に浸された糸を引出して、両端を固定して指で糸を弾き、材の上にまっすぐな墨線をつける。
③墨さし　墨壺の墨で用材に線や記号を記入する竹のへら。
④朱壺（しゅつぼ）墨の代わりに紅殻を使って朱の線を付ける。造作材など墨跡を残したくない時に使う。
⑤留型（とめがた）定規　45度の定規
⑥罫引（けひき）刃がついていて、材に線をつけたり割ったりする。
⑦玄能（げんのう）いわゆる金槌。大中小とあってのみを叩いたり、釘を打ったり、造作、建具など用途別に使われる。

鉋（かんな）
大工の命とも言われる木の表面をなめらかに仕上げる削り道具。
①際鉋（きわがんな）　溝を削る鉋で左右ある。②底取り鉋　③底取り鉋　④脇取り鉋　溝を広げるときに使う　⑤平鉋（ひらがんな）仕上げ用の鉋、用途は広範囲。

左官道具

仕上げごて
鋼製のこて。十年ほど前にアメリカから入ってきたこてで、仕上げの段階で使う。

①梁通しごて　手が入らないような狭いところを塗る。
②れんがごて　材料をすくう時に使う。
③面ごて　角隅を塗る時に使われる。

地金（鉄）の塗りごて　主に下塗り、中塗りに使われる。左の二つの柄は元首、他は中首。明治の後半から中首のこてが使われるようになった。

ちりぼうき
ちり（壁と柱や木枠の接する部所）の掃除に使われる小さなシュロぼうき。

建具師

格子戸、障子、板戸、襖等々日本家屋を彩る建具の多様さと美しさは格別だ。

客間の扉の中板は
桂と桜の古材。

旧旅籠にあっても、またこの家でもひときわ精彩を放つ唐獅子牡丹の透かし彫りの欄間。無名の彫り師とその欄間を生かした繊細で美しい障子を作った建具師の技。

欅の一枚板の存在感あるたたずまい、玄関の蔵戸の暖かみのある重厚さ、美しい千本格子の間仕切り等……どれをとっても建具師たちの洗練された技術の高さをまざまざと実感させられる。

朽ちかけた古建具を大切に修復し、この家の寸法に合わせて見事に再生してくれた現代の建具師の技も素晴らしいと思う。

新しい建具も古い建具もそれぞれが適材適所。開けたり閉めたり、季節ごとに、時間ごとに表情を変え、生活に変化をもたらしてくれる。

居間と八畳の和室を間仕切る欅の漆掛けした引き戸。
渋川の現地で見た時、唐獅子牡丹の透かし彫りには目を見張った。（写真右頁）

庭師

2階バルコニーから雨の庭を見下ろす。

庭の中央の石組は蓬莱山を模したつつじの山から落ちてくる滝を表す。「池もなく遣り水もなきところに石を立つ」のが「枯山水」とのこと。

三十年前、この庭は一面芝生だった。二人の子どもたちはここで犬と走り回って大きくなった。

そして、子どもたちが大きくなると、姑と主人の希望で、写真のような枯山水を模した日本庭園となった。といっても一朝一夕にこうなるものではない。姑が庭師さんと一本一本木を探しに出かけ、一つ一つの石を選び、庭を造り続けた結果である。姑の執念にも似た庭造りへの思いが、見事に実ったものだと思う。

私は常に門外漢であった。仕事と子育てに追いまくられていた頃の私には、庭というと正直うとましくもあった。

しかし、今はこのような庭を四六時中楽しめることに心から感謝している。

初めの頃の庭師さんが植えてくれた、梅と百日紅《さるすべり》と椿はまだ健在で年々歳々花を咲かせ楽しませてくれる。

新緑の庭木

①

②

③

⑤

⑥

④

⑦

⑧

⑨

①夏椿　④つつじ　⑦百日紅
②梅　⑤白樫　⑧藍しだれ紅葉
③馬酔木《あしび》　⑥濃紫《のむら》紅葉　⑨三つ葉つつじ

コラム　風呂と洗面所とお手洗いと

洗い場の伊豆石は、乾いていると白っぽいが、濡れると瑞々しい青となり、さわらの白木の手桶などがよく映える。

お風呂に入りながら庭を眺められたら最高、と常々思っていたが、実現した。

バスタブは琺瑯《ほうろう》、洗い場は伊豆石、壁面と天井は檜、大きなガラス窓からは、小庭が見える。

北面の黒竹の御簾《みす》垣をバックに、株立ちの荒樫と赤い寒椿を配し、石灯籠も立っている。夜にはこの灯籠に灯をともす。

朝風呂に入ると、垣根に添って植えられた荒樫の葉っぱが青空の中で気持ち良さそうにゆれているのを見ることも出来る。

「葉っぱがちらちらと動くんですよ、それがいいんです」。

庭師の推薦で、荒樫を選んで良かったと思う。

竹垣も黒竹という自然の竹を使っているので、いずれ傷んできて、また作り直さなければならなくなるだろう。その手間はかかるが、自然は朽ちていく様子にもまた風情があるのではと思う。

１階のお手洗いの壁は白漆喰。壁をくり抜いて飾り棚を２カ所作ってもらった。

浴室の扉を開けると、洗面台の鏡に小庭が映る。
(写真／石川)

第五章

「家は森」この家に使われている木の図鑑

家にいる時にいつも感じる不思議なやすらぎ。
そのルーツを探っていくと…「家は森」と思う。

適材適所

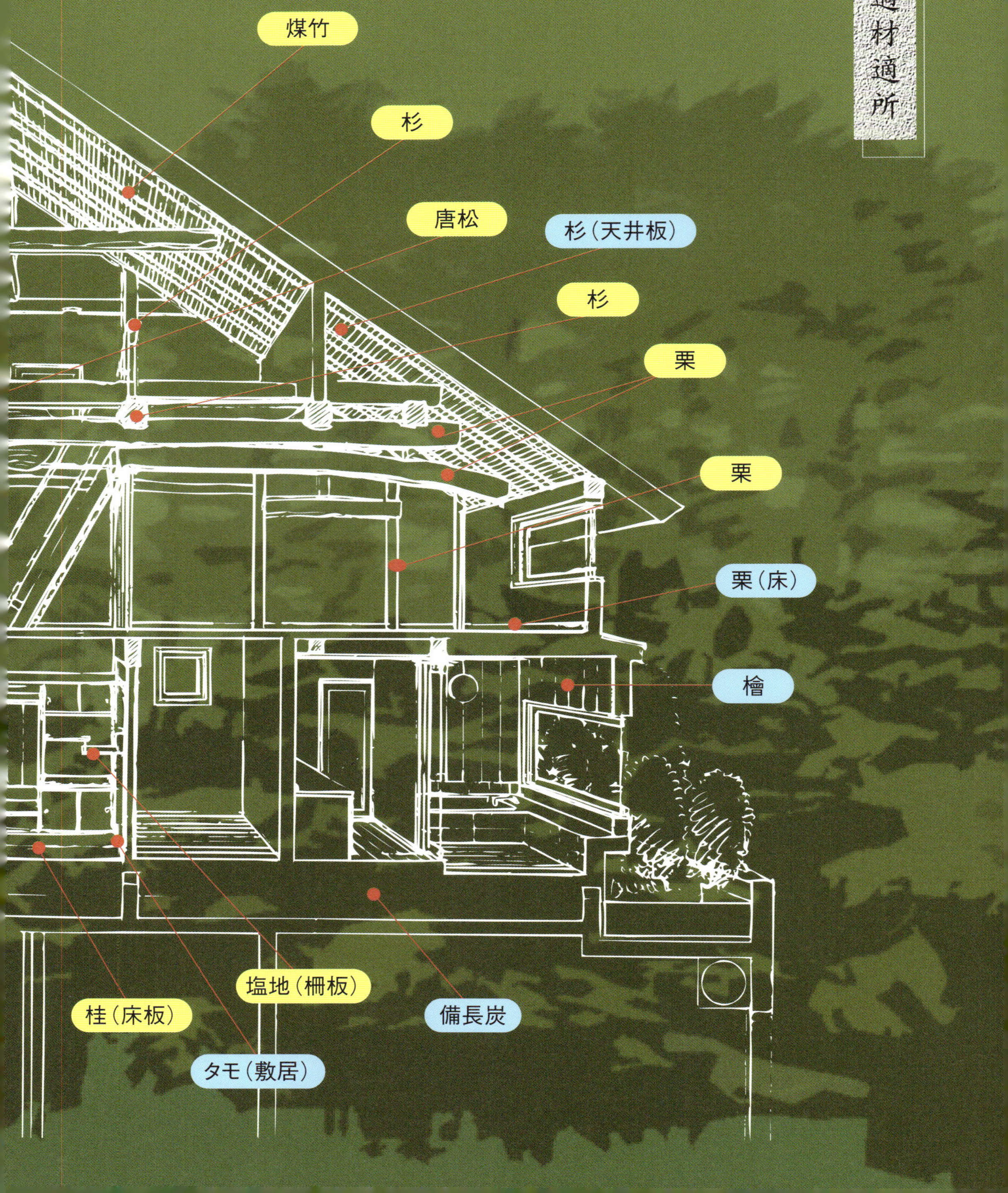

移築再生されたこの家で使われた木材を見ると、「家は森」という言葉が実感される。古材も新材も「適材適所」。住む人とも共存しあって「暮らしている」と思う。

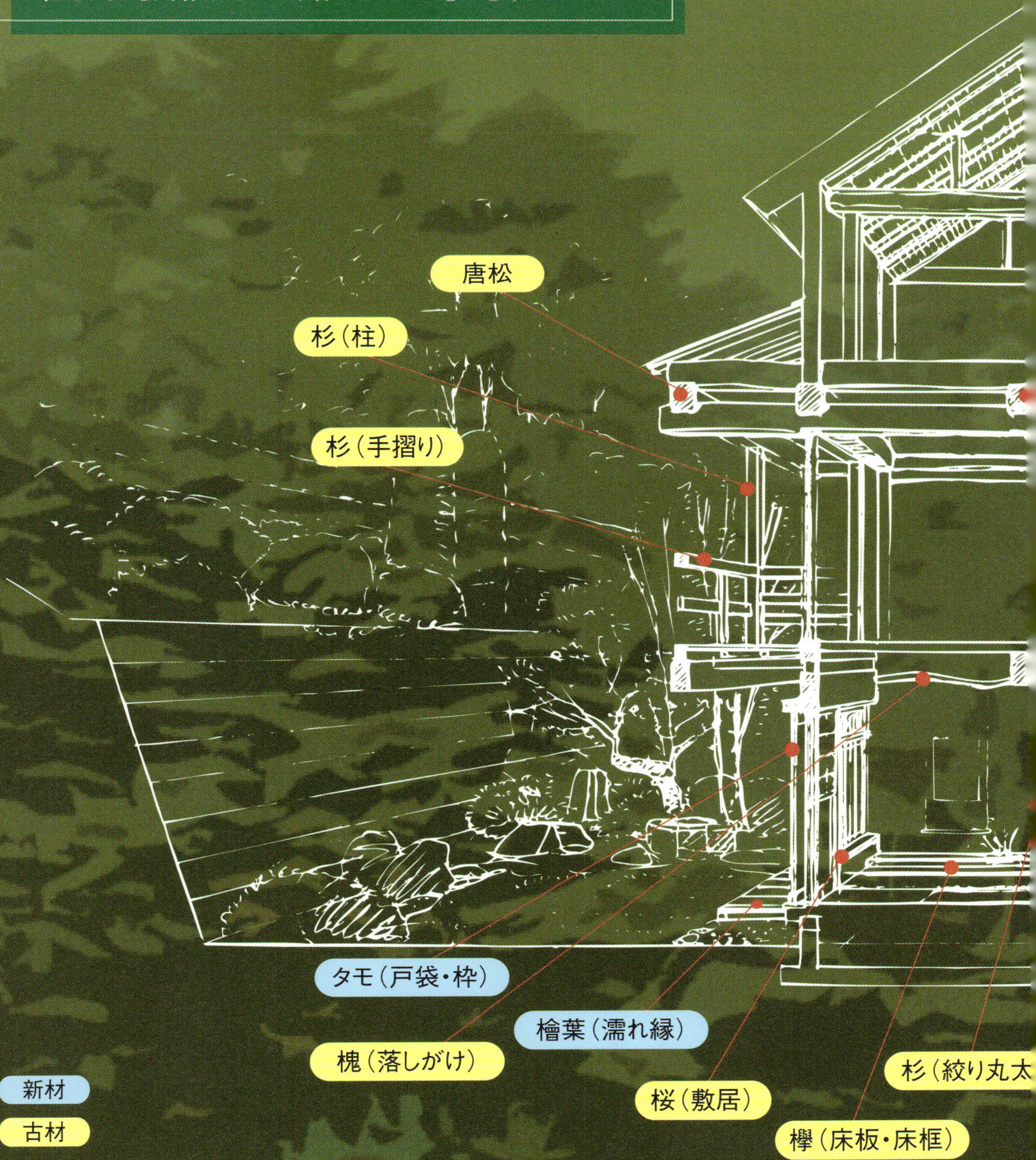

※図は建築家清水氏による手書きの断面透視図

十五本の気になる木

一軒の家というものは実に様々な木が集まって
出来上がっているものだ。
特に古民家の場合、現地調達が原則。
あるもので間にあわせようとするため、種類も多い。
構造材として、今はもうほとんど使われていない栗をはじめ、
松や杉や檜などメジャーな木、日頃聞き慣れない槐《えんじゅ》や塩地といったマイナーな木まで、移築再生の家に使われている古材から新材まで、15本の気になる木について調べてみた。

全長30〜40m
ヒノキ科ヒノキ属
常緑高木

昔、火おこしに使われた木、つまり「火の木」である。人間とは切っても切れない縁の深い木だ。加工しやすく丈夫で長持ちする木として、柱にも梁にも使われる優等生の構造材。世界最古の木造建築といわれる法隆寺の主要建材でもあり、防虫防腐性も非常に高い。その昔、一般庶民は建材として檜を使用出来なかったという。「総檜づくり」の家は庶民のあこがれでもあった。古材でも、削ると檜特有の芳香が立つという。

風呂場上部の板壁は檜。

※唐松の場合

全長5〜30m
マツ科マツ属
落葉高木

梁など水平部材に特に強さを発揮する構造材の代表。梁・柱・差し鴨居・床と、移築前の家でも最も多く使用されていた。松の種類は唐松と黒松と赤松の三種。唐松は幹が真っ直ぐで、秋に落葉するため落葉松ともいわれる。黒松は雄松とも言われ、強く荒々しく癖があり、同じように癖がある赤松はやや優しい。この家では、唐松は差し鴨居や外壁の梁に、黒松は家の内部の梁や柱に、赤松は和室の竿縁天井に使われている。

1階居間の長押（黒松）

全長20〜40m
スギ科スギ属
常緑高木

すなおな木、「直木」といわれるくらいすくすくと成長し、しかも大変長寿な木。神社仏閣の神木として樹齢何百年という木もざら。鹿児島の屋久島の杉の原生林は世界遺産になった。柔らかく加工しやすく、しかも丈夫。木目も真っ直ぐで、乾燥も早い。家の柱など構造材から箸まで用途は実に広範囲。

この家の最も太い梁は杉である。他に床の間の床柱、廊下やテラスの手摺り、古建具の板戸などふんだんに杉が登場する。

2階廊下の手摺り

米松《べいまつ》

全長60〜90m
マツ科マツ属
常緑高木

現在最もよく使われている輸入の構造材。ロッキーやオレゴン、テキサスが主要生産地。大木で4メートルもの大材がとれるが、脂気も多く、使用後暗色化する場合もあるという。木目は変化に富んだものもある。現在の木造住宅の梁はほぼこの米松だという。

元の家には無かった材で、この家では階段の踏み板に使用した。脂が出るということで、使用する前から脂止めをしてもらったが、やはり少し出た。

階段板

檜《ひ》葉《ば》

全長20〜30m
ヒノキ科ヒノキ属
常緑高木

「総檜葉造りの家を建てると三年は蚊が入らない。」と言われるくらい、防虫効果のある成分を含み、しかも釘を錆びさせない油も含んでいて、耐久性では建築用の針葉樹の中で最強といわれている。

我が家でも濡れ縁を新材の青森檜葉にしたせいか、一年目は蚊が全くでなかった。別名「ヒノキアスナロ」といい、アスナロの一変種。関東以北に分布。特に青森の下北、津軽両半島の檜葉の純林は有名。

濡れ縁

栗

全長17〜20m
ブナ科クリ属
常緑高木

数年前青森の三内丸山遺跡から出た縄文時代の巨大柱も栗の木だったそうだが、この家の柱の大方が栗だ。しかし現在は構造材として栗はほとんど姿を消している。鉄道の枕木として使いすぎたためという説もあるらしいが、栗に代わる輸入材が出回って、自然淘汰されてしまったらしい。旅籠が建った頃の群馬の渋川あたりには栗林がまだまだあったのだろうが。

古材柱の栗に敬意を表し、床は無垢の栗板を張った。

外の柱

欅《けやき》

全長20〜40m
ニレ科ケヤキ属
落葉高木

広葉樹の王、欅は堅牢で光沢があり、変化に富んだ木目が美しく、優れた構造材として梁や柱に使用されてきた。しかし、高価なため今では高級化粧材として使われることが多い。昔は風格を身上とする大黒柱にする家もあったらしいが、移築前の家では、欅は床の間の框のみ。居間の欅の一枚板の引き戸は他所からもってきた古建具。居間の大テーブルや食卓を作ってもらった欅は、虫食いだらけのため安くもらい受けた新材だ。

床の間の床板と床框

桂《かつら》

全長25〜30m
カツラ科カツラ属
落葉高木

落葉大高木、山地の川岸に立っていて、日本各地に分布。

比較的柔らかく、加工しやすいので、家具や装飾材として使われることが多い。昔は縫い物の裁ち台にもよく使われていたという。

移築前の家では床の間の飾り棚に使われていたが、よそから出た桂の古材と合わせて、この家では、玄関の上がりしなの踏み板、和室の床脇の地板、そしてテレビ台などさまざまに使い回した。

玄関の床板

竹

全長30〜40m
イネ科

茅葺きの屋根の内側から、茅を押さえる棹として大変重要な役割をはたしていたのが竹。細い竹は真竹、太い竹は孟宗竹。

百五十年以上も囲炉裏や竈の煙に燻され煤竹になった。

一本一本ていねいに洗って磨くと煤竹独特の何とも言えず美しい赤味を帯びた艶やかな色合いになる。移築後も二階客間の杉板の吹き抜け天井の棹に煤竹を使った。また、汚れ防止と装飾効果を考え漆喰壁の角に煤竹を取り付けた。

杉板天井の煤竹

柿

全長30〜40m
カキノキ科カキノキ属
落葉高木

おなじみの柿は、木としては折れやすく「柿の木から落ちると三年で死ぬ」などと嫌われものだったようだ。

黒柿というのは木の種類ではない。木の渋が鉄分と反応して墨のようになることがあり、その模様のおもしろさを珍重して愛でるという。切ってみるまで白いか、黒いかわからないというのだから博打のような木でもある。四畳半の地板と二階廊下の飾り棚にその貴重な黒柿の板を配した。

予備室の四畳半の地板

槐《えんじゅ》

全長30〜40m
マメ科
落葉高木

ちょっとむずかしい名前の木だが、縁起木として庭に植えられたり、並木や公園木としても親しまれている。中国原産だが日本への渡来は古い。槐花といわれるつぼみには薬効もあるそうで、特に高血圧症や動脈硬化症に効くとされている。

建材としても使われていたらしいが、今はあまり目にしなくなった材の一つだ。

移築前の家で床の間の落とし掛けに使われていたが、移築後も同様に使った。

床の間の落とし掛け

桜

全長6〜10m
バラ科サクラ属
落葉高木

きめが細かくて固く、滑りが良いので、敷居や床の寄木張りなどによく使われる。人が歩けば歩くほどつやと色が出るのだそうだ。

建材以外では、均質な材質が買われ造船材としても活躍、また比較的工作しやすいので、昔から版画の版木や、和菓子の型などにも使われてきた。

移築前の家では和室の欄間の下の障子の敷居などに使われていた。移築後もそのまま生かし、使っている。

客室のドア

塩地《しおじ》

全長20〜35m
モクセイ科
落葉高木

モクセイ科の落葉高木。西日本の山地に自生している。

材は耐久性が高くて強い。反りは少なく、光沢があるが、木肌はやや粗い。

建材としても使われるが、家具、建具など細工物に用いられることが多いという。

移築前の家にはなかったが、床の間の床板にと手に入れたのが古い塩地の板だった。床板は結局欅になって、塩地の方は違い棚の棚板として生かされることになった。

違い棚の棚板

タモ

全長20〜25m
モクセイ科トネリコ属
落葉高木

落葉高木トネリコの別名。昔この木の皮を煮て墨と練り合わせ、写経したという。刈り取った稲を架けるために、田んぼのそばによく植えられていた木でもある。材質は緻密で弾力性に富み、農具や野球のバット材としてよく知られている。

移築前の家には無かった材だが、古色塗装がしやすく、滑りもよいという利点を生かし、栗の床に合わせ、掘り炬燵の框、和室と居間の板戸の敷居等に使っている。

各部屋の敷居

橡《とち》

全長10〜30m
トチノキ科トチノキ属
常緑高木

トチノキのこと。日本全国に分布し、山地の沢沿いに生育している。

種子は精製して栃餅を造り、花は貴重な蜜源、葉はちまきや餅を包んだりもするそうだ。

木目が緻密で美しく、光沢もあるので家具や楽器材などに使われている。ただ耐久性や保存性はいまいち。

移築前の家では使われていなかったが、美しい木目を生かして玄関の下駄箱の上の天板に使った。

下駄箱の天板

床下には備長炭を敷きつめた。居間に座った客が「ここは落ち着きますね」と言って長居するのは、備長炭の効果だろうか。

写真右 長火鉢用の備長炭。何十年ぶりで火吹き竹で火をおこしてみた。やっとの思いで火がついたときは子どもの時のようにうれしかった。（写真／石川）

コラム

除湿から精神安定まで頼もしい木炭パワー

住宅の床下用の除湿剤として木炭がよいということを聞き、早速わが家でも備長炭を床下に敷いた。

木炭は、生木を炭化させたもので、不純物を含まず、除湿効果のみならず防腐防虫効果まであるという。湿度が高くなると水分を吸い込み、乾燥してくると水分をはき出してくれるのだそうだ。

コンクリートの壁に囲まれた地下の書庫の湿気が心配だったが、今のところ全く問題がないのは木炭のおかげかもしれない。

高温多湿の日本の風土に最も適した乾燥防虫防腐剤として、昔から地方の大きな農家や商店の母屋や土蔵などには、木炭が埋められていたという。

今、ほとんどの家屋は防湿シートなどを床に敷いてシロアリや腐食にも備えているが、天然の環境保護材としての木炭が大いに見直されるべきだと思う。林野庁の調べによると、床下の湿度が一〇〇％を超える梅雨時でも、木炭を敷いた場合は九五％を越えないとのこと。他にも、水分を吸収するため夏は涼しく感じ、マイナスイオン効果により疲れをとり、精神安定効果もあるという。

有害なホルムアルデヒドやアンモニアなども吸着し分解してくれるそうで、電磁波遮断効果もあるらしい。茶道用の炭や料理用の炭として細々と使われていた備長炭が、昨今は環境商品としても人気があるのは、以上の薬効によるものだろう。

ブナ科コナラ属 常緑広葉樹

備長炭は、江戸時代、備中屋長左衛門という商人が紀州のウバメガシを焼いて作ったといわれる堅炭で、商人の名前が名の由来。ウバメガシは常緑広葉樹で姥芽樫と書く。この木の芽に含まれているタンニンをお歯黒に用いたところからこの名がついたとも。

民家を生かして創造する

―明日の住まいへの提言―

古民家再生建築の第一人者が語る日本の〝民家〟の未来像

Gプランニング 代表
清水 康造

民家再生

住み継がれてきた住まいを、また手を加えて改修し住み続ける、このことは決して特別なものではなく、戦前まで多くの民家はこれを行ってきた。私共が再生するに当たって調査をしてみると古い民家は例外なく古い材料を使い廻した形跡が認められる。

近年、歴史的価値の高い建物は文化財として保存されているが、一般の民家は農家も町家も誰の目にも触れられず壊され、ほとんどが消え去っていきつつある。

一般の「住まい」に関しては時間の流れを凍結して残すなどといった発想がなかったし、またその必要もなかったのだろう。

しかし私たちの祖先は、古いものを残しながら積極的に新しい文化を生活に取り込み、住文化を創造し継承してきた。

例えば茅葺き民家の典型的な間取り構成でもっとも農家らしいスペースである土間の作業空間を持つ田※の字型の平面は、はるか縄文の時代からつい近世に至るまで永い時間をかけて、風土や時代の要請に応えその技術を成熟、変化させながら出来てきたものである。

だが残念ながら現在、農村社会の崩壊によって、これらの民家は激減し、各地にある民家園に文化財資料としてミイラのような型でしか我々の目に入らなくなっている。

住文化は過去との連続性の上に成り立っており、現在という時間は常に流れの中にあり、その生活は過去の積み重ねによってつくられてきたものである。生活機能は冷凍保存出来るものではない。幸い伝統的な民家は、高度な職人技術によって支えられ、民家の架構そのものはまだまだ生命力を備えている。

ここで我々設計者に求められている事は、このミイラのような民家に新しく魂を吹き込み、蘇生させること、すなわち「民家再生」である。

解体した民家を仮組みする。

移築した家では礎石を掘り、柱をアンカーボードで緊結した。

※田の字型の平面。(P.96下左図のように部屋の間取りが田の字型になっている平面のこと)

民家は消滅してしまうのか

　では民家の新しい生活文化のあり方とはどういうものなのだろう。そしてまた民家を再生するにはどんな方法があるのだろうか。その解答は住まい手や設計者によってまちまちであるから一つだけの答えを見つけ出すことは無意味であろう。

　それでは民家はなぜ消滅の一途をたどったのだろうか。

　民家が消えていった社会的背景としては、民家の過去の歴史を見る必要がある。それは家族制度、不平等、貧困などがある。農家に展開された理不尽な収奪や、望みのない労働や、出口のない貧困や飢えの記憶が刻み込まれ、染みついた記憶。

　しかし現在、農家の記憶はそんな暗いものばかりではなくなっている。戦後半世紀以上してこれらの暗い記憶は忘却され、現在はいまわしいもののかわりに美しい存在としての故郷と民家の形態の美しさとしてのみ記憶にとどめることが可能になった。

　一方住機能としての民家を見ると、民家の造りそのままでは現代の生活に適応しなくなっている。

　民家は「寒い」「暗い」「汚い」「使いにくい」などマイナスのイメージしか持たれていない。

　民家の弱点は、第一に基礎である。民家の基礎は石端立て《いしばだ》（113頁参照）か、玉石の上に土台が載っているだけであるから、足元が真っ先に腐ってしまう。

　第二に屋根。瓦や鉄板なら問題は少ないが、茅葺き屋根は維持管理に苦労する。そして寒さである。

　多くの民家は、現代住居としては広すぎ、少数化した家族には大きすぎ、隙間風が吹き抜けて外気温と室内温度の差がない。

　多くのお年寄りは家の中にもう一つ室を囲って生活しているありさまである。

愛媛県 内子町に今なお残る古い美しい町並み。

伝統的民家は美しい

　民家は構造がそのまま意匠になっている。重力の法則に従い力学的に合理的に造られた建物を見ると、誰もが本質的に美しいと感じる。

　民家は緊張感や均整感のある美しさと共にある種の風格や品格さえ備えていると思うのは私一人ではあるまい。

　これらの美しさからすれば先に述べた民家の欠点は小さなものに映る。民家の伝統的架構はどの地方の家も生活

の変化に応じてどのようにも手を加えられる懐の深さを持っている。

またいうまでもなく、使用されている材料は自然の素材ばかりであり、その材料は現代のものと比較するとはるかに良質なものが使用されている。

良質な材料とは銘木屋さんが珍重するような意味ではない。地元にある材料を生かして利用した、職人たちの技術の高さを意味している。

移築再生の是非

民家再生のうち「移築再生」を私はこれまでに多く手がけているが、民家の移築再生について、その地にあった民家はその地で生かすべきであるといった意見も多い。例えば、建築史家安藤邦廣氏は次のように語っている。

「民家はその地域性が著しい。単にデザインの問題でなく、暮らし方そのものにかかわり、どういう環境で暮らすかということと、家は密接にかかわっている。

また歴史的な積み重ねが非常に明確で普遍的だ。どの地方の民家を見ても地域的に発達してきた道筋があり、それをたどって改造を加えるのが再生と呼べるのではないか。この点を軽視した民家再生はいろいろな問題を生む。暮らしの総体を民家が表わしていることを考えるなら簡単に移築したり、古材としてバラして使うことは、民家を抽象的に生かすことにはなるが、文化としての民家を再生することとは反すると思う。(『民家』十六号　日本民家再生リサイクル協会　抜粋)」

私も民家がその地域において再生されることに勿論のこと異論はないが、地域や家の伝統のためといった文化論や感傷論だけでは、現実に民家が解体されてゆく現実の状況を変えることは出来ない。

民家が数多く壊されている村は、例外なく過疎の地域であり、解体予定の民家はすでに新築の住まいを隣地に建ててしまったり、近くの町に移住してしまっている例が大半である。

また住居の文化論としても、例えば民芸や民謡のような伝統文化はその共同体のなかでずっと伝えられるべきものだとしても、文化であるがゆえに行き止まりがあり、さらなる洗練も地域を超えた普遍性を持つことは出来ない。

住文化においては同様の道をたどってはいけない。

民家の構造がそのまま意匠になっている。

民家再生と連歌

日本には十二世紀頃から俳句の前身である連歌というものが現在まで続いている。

それは始めの句に続いて前の句の意味をくみとり先の句につけてゆくシステムの歌である。

同じようにジャズの世界では誰かがアドリブを聞かせると次の奏者を刺激し新しい音を引き出す音の文化があるように、古民家の再生も又ひとつの住文化を次の世に引き継いで変化させる文化の流れのひとつといえるだろう。

伝統的な民家はその地域や風土と共に育ってきたものであるから、現地再生型、原形維持型が望ましいかもしれない。

だがあまりにその地方や地域の生活様式や住文化、その村や家の伝統といった古い形式に固執しすぎると、生活と家とが適応しなくなってしまうと私は考えるのだが、いかがであろうか。

再生のデザイン

今まで民家再生に当たって気をつけていることがある。

それは民家再生によくみられる、黒く太々とした柱や梁、漆喰の白壁、イサム・ノグチの提灯、いわゆる民家という魅力をたよりにした、先人の技術を単になぞるだけのデザインになってしまうこと、かといって民家の力強い架構体のなかにいたずらに曲線や新素材を組み込むことなども避けたく思っている。

ただいずれにせよ、民家に現代の生活を持ち込むとき、現代感覚を如何に入れ込むかが、設計者の個性であり、そして住宅観である。

施主との対話の中、住まい方、趣味、人生観などいろいろな語らいと、お互いの価値観の共有を感じるとき、住宅は確かなものとなり、その打ち合わせの中から自然に導き出されるかたちがデザインの基本となるものである。

石川邸計画

石川さんの家での私の主な仕事は、どこまでかつての旅籠であった建物を再利用できるかにある。

架構や利用可能な部材は残し、住宅としての建物に不足している部分を出来るだけ控えめに現代の技術で補うことを心がけた。

　全体としては、旧旅籠の主構造を中心に、祖母を含む五人家族の個室を確保し、それを新しく左官の外皮で包み込むことであった。

　石川さんが古民家再生を決意された第一の理由は奥様の化学物質過敏症にあったため、造りつけ家具などは出来るだけムクの板材を使用し、内装はクロス類を一切使用せず左官材を、塗装は人体にやさしいオスモカラー等を使用した。

　また全室床暖房にし、かつ、各部屋の通風、採光を考慮、快適な現代生活を考えつつ、全体として民家の魅力を生かし味わいを深めることを心がけた。

　現代の住居はものに溢れている。引っ越し前に石川さんには家財の減量を徹底的にお願いもした。

　移築再生によって過去という時間を今という時間に繋ぎ止められたかどうかははっきりしないが、とりあえず繋ぎ止めた時間と空間を、石川さん家族がこれから展開し、生み出していくであろう時間とが、この家の本当の空間をつくっていく。そのお手伝いが多少でも出来たのではないだろうかと思っている。

再生と創造

　私も若かった高度経済成長期の頃、新しく建物が造られることに建築家は心躍らせたものである。

　しかし今はそんな時代ではない。建物を新しく造ること自体がナンセンスにもなっている。住宅は余り、すごい勢いで環境破壊も進んでいる。

　建築家が本当の意味で建築をするとは一体どういうことなのか自問しなくてはならない。再生という仕事は、過去の工法も新しい技術も理解した建築のプロの仕事であろう。

　さまざまな制約の中で試行錯誤するうち、建物が生まれ変わり再生する。

　民家再生とは創造性をもった職人技なのである。

　建築家は改修や再生が出来ないと二十一世紀を生き残れないかもしれない。

◆　◆

注記　民家と古民家

「民家」とは、庶民の住宅を指すことばだが、ここでは、日本の古い「民家」を総称して使っている。

　かつて「民家」は、その自然環境の中で、手に入れられる材料を使い、自然環境に従いながら、安全な住まいとして、最小の費用でつくられた。その風土を証明し、自然と調和した家のことである。

　古民家とはその中で「全て手づくりで」造られた家と私は解釈しているが、明解な時代分けをせず、特に「民家」との使い分けをここでは行っていない。

（清水康造）

施主との出会いから竣工まで、設計者から見た移築再生全プロセス

民家移築再生にのめり込むの記

―建てたい、住みたい「本物の家」―

Gプランニング
佐々木 祐子

施主との出会い

石川夫妻との出会いは、「民家再生の家を建てたいのだが、相談にのってもらえるだろうか」という一本の電話からだった。

ある雑誌の記事で、清水が「再生した民家の中には流れていく時間を留めておくことができる」と言ったことが、石川さんの心に残っていて電話をくださったという。

その記事は何ヵ月も前に出たものだったし、再生された民家の写真が大きく扱われていたのだが、写真よりも言葉のほうが記憶に残っていたと聞き、印象深かったことを覚えている。

古い民家の骨組みとなっている古材を利用し、新たな家を造ることは、建築家にとっても手間暇のかかる仕事だ。

すべて新しい建材、部材を使って家を建てるほうが、ずっと楽で時間もかからない。

それでも民家再生の仕事をしたい！　と思うのは、百年以上経っている木材の丈夫さと美しさ、骨組みを支える技の見事さ、日本建築の素晴らしさを実感できる場だからなのだと思う。

十年以上この仕事にかかわってきて感じるのだが、民家再生が成功するか否かは、大きくいって次の三つの要素にかかっているのではないだろうか。

まず再生利用する民家を選ぶ目、民家を譲ってくださる方の協力、そして何より民家再生の家を希望する施主の思い入れの強さだ。

出雲の歴史ある旧家で育ったというご主人の石川さんは、高校生のころ東京に移り住み、後に川崎で暮らすようになったとのこと。やがて出雲にあった生家は朽ち果ててしまい、壊すことになった。

この体験は、石川さんの心に深く残っていたのだと思う。

川崎の家を建て直すことになり、住宅関係の雑誌を見たりハウスメーカーなどを巡って情報を集めていたそうだ。石川さんが、あふれる情報の中から、古民家再生にひかれた理由は、子どものときに体験した「本物の家」での記憶がよみがえったからなのではないかと思う。

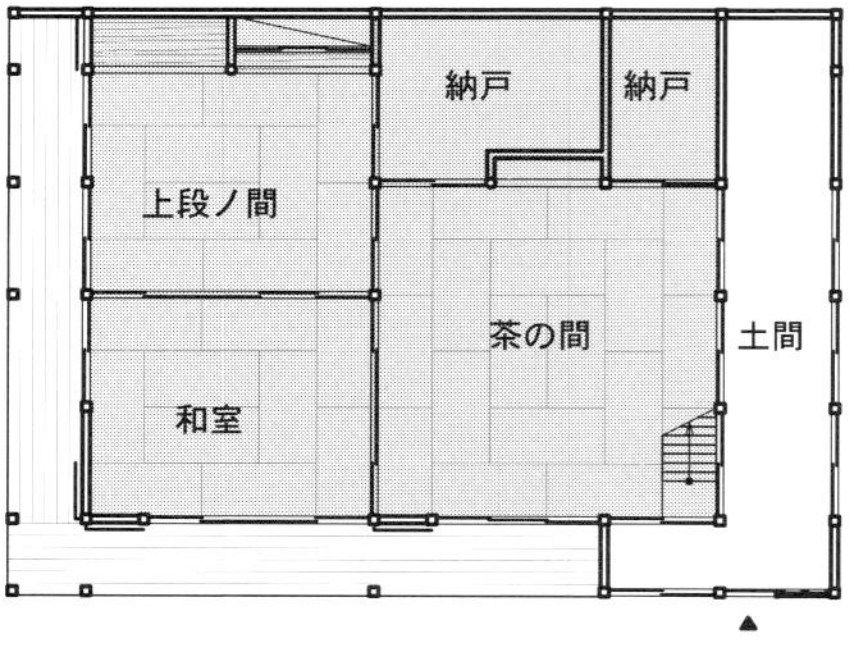

1階平面図

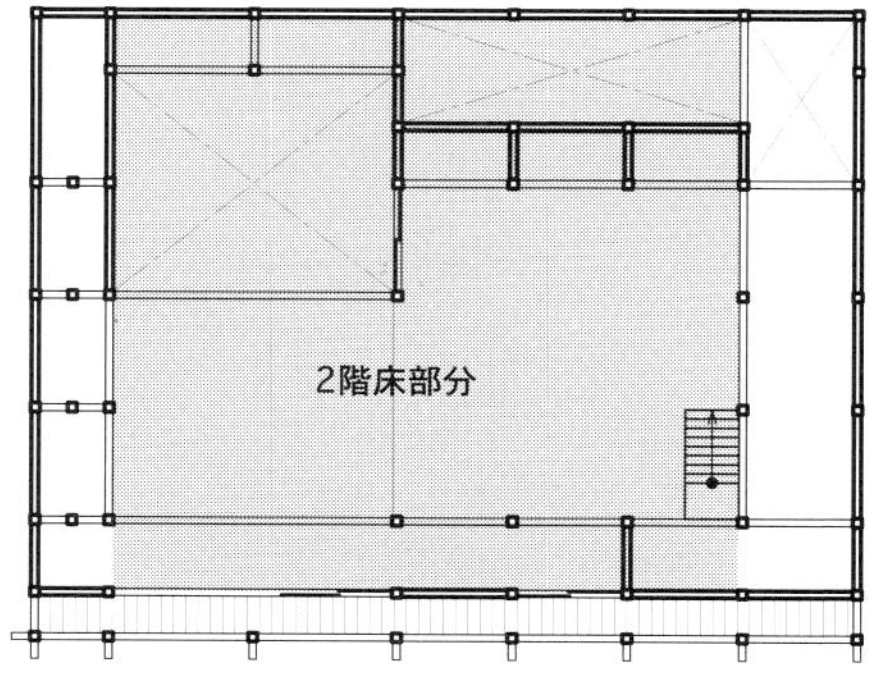

2階平面図

元旅籠の間取り図　移築再生された部分

古民家再生の家に住むことで、とぎれてしまった時間の流れを取り戻し、再び共有したい。そんな石川さんの強い思い入れが私たちにも伝わってきた。〝ひと肌ぬごうじゃないの〟と感じるのはこんな時だ。

民家を探す

古民家再生の仕事は、依頼を受けた後、まずは譲ってもらえる民家を探すことから始まる。

施主自身が、すでに気に入った民家を見つけて設計家に依頼する場合もある。選ぶ手間は省けるが、後のち苦労が増すことも少なくない。解体する前の民家を見て、骨組みの特徴や、部材の傷み具合など、状態を判断するのだ。そして移築する敷地と、再生する家のイメージにふさわ（100頁へ）

群馬の渋川でみつけた旧旅籠。

和室の床の間と違い棚と欄間。

移築再生後の間取り図

1999年

10月	11月	12月	1月	2月	3月	4月	5月	6月	7月

民家調査

11/20
仮組打ち合わせ
大工仮組と古材洗い

10月	11月	12月	1月	2月	3月	4月	5月	6月	7月

10/12 解体
解体2週間
10月末
解体終了

1月中旬
古材を移築先の川崎へ運搬

12/15
地下工事終了

外壁左官工事

7/15
建物引き渡し

10月	11月	12月	1月	4月	5月	4月	5月	6月	7月

10/5 工事着工 擁壁解体
10/22 地下工事着工
地鎮祭

1/29 上棟式

外壁下地工事
屋根工事

内壁左官工事

古民家再生 工程表 石川邸の場合

1998年

基本設計 確認申請 実施設計 見積と調整

2月	3月	4月	5月	6月	7月	8月	9月

- 2月：石川夫妻 雑誌を見る
- 3月〜4月：情報収集
- 5月：5/18 石川夫妻事務所へ来る　5/27 川崎に敷地確認
- 6月：6/5 古民家を石川夫妻と見に行く
- 6月〜7月：基本設計
- 8月：実施設計 確認申請 8月末 実施完了

古民家

2月	3月	4月	5月	6月	7月	8月	9月

- 5月：5/31 民家見学会
- 7月：民家調査

本体工事

2月	3月	4月	5月	6月	7月	8月	9月

敷地面積	99.0坪
床面積地下	19.4坪
1階	27.0坪
2階	27.0坪

しいかを見極める。専門知識と経験が必要なチェックポイントは多い。

石川さんの場合は、民家を探すことから始まった。いくつかの候補からこれはと思うものを見つけて、現地に足を運ぶ。いいと思ったら施主と一緒に訪れ、決定の判断をあおぐのだ。石川邸のために選んだ家は、群馬県渋川にあった旅籠で、築百五十年の二階建。元は倍近い建物であったらしいが、縮小され十五年間住んでいなかったためか、増改築されずに昔のままの姿が残っている。一階は根太《ねだ》天井と一部の和室には珍しい釣り天井。二階は黒松の梁が幾重にもなった重量感のある小屋組。これらの資材を生かせば、新しい建材を使った家では絶対に出せない素晴らしい家が出来上がると感じた。

石川さんも私たちの意見を聞き、すぐに同意された。

解体から基本設計まで

再利用する民家が決まると、重要なのはスケジュール調整だ。譲る側が希望する解体期間と、施主が希望する工事期間がぴたりと合うことはほとんどない、と言える。

そのなかでベストな時期を考えて交渉にあたる。石川邸の場合も、この時間調整が難しく、解体から三カ月間、古材を保管しなければならなかった。さら地にすることが譲る条件だったので、地元の建設会社に約二百五十万円で解体を依頼し、三カ月間は大工さんに仮組をしておいてもらい、古材の埃《ほこり》を取ってもらった。

解体前に、もう一つ大事なことは再生するための工務店を決めておくことだ。

古材の番付を記録しながら解体していき、屋根が取れて明るくなったところで、再生をお願いする大工さんに出向いてもらい、事前に書かれた番付通りに、古材に釘で印を打ってもらう。私たち設計者は、この屋根が取れた段階で再び屋根裏をじっくり調査する。このとき、百年以上積もった埃《ほこり》が一気に舞い上がってくるので、マスクと帽子が必需品だ。

古民家の解体は、文化財を扱うように丁寧にできればいいのだが、費用との兼ね合いもある。解体費は全体的な工事費に影響するので、民家の大きさと状態をよく考えて決めることが大切だ。

また、使う材料のことばかりに目が向きがちだが、その民家のもつ空間を大事に考える必要がある。

これら解体の作業をしながら、同時に基本設計を固めていく。

古い梁などは、すべて繊細な曲線であるため、パソコンのＣＡＤ図面では描けない。手描きで図面化するのだが、これが時間のかかる作業の一つだ。また念入りに調査をして、時間をかけて図面を起こしても、古材の傷みがはげしくて図面通りにいかないこともある。

再生現場に出向いて対処しなければならない回数は、一般の新築住宅よりも何倍も多くなるのは仕方がないこととなる。

譲り手から聞く古民家暮らし

これほど大変な作業が待ちうける古民家再生の仕事だが、思い通りに完成したときは、施主だけでなく、譲り手にも喜んでもらえる。これも一般住宅との大きな違いだ。古材の再使用に難しい問題が起きたときなど、古民家の持ち主だった方の声が励みとなることも多い。私たちはファクシミリで十数回にわたって、譲る側の方とのやりとりをした。その例を少し紹介したいと思う。

「私があの民家を譲って、川崎に移築されることが決まったことを、横浜に住む八十五歳になる伯母に話したら〝私はあの家で生まれたんだよ。川崎なら見に行けるかもしれない。それまでは生きていなくちゃならないな〟と言って、移築完成を楽しみにしています」。「私が高校を卒業して、遠くの町へ通勤することが決まったとき、あの家の土間で自転車に乗る練習をしました。何しろ土間が三十六坪もあるのです。外で練習しなければならなかったら、恥ずかしくて乗れるようにならなかったかもしれません。それだけ広い土間のある家ですから、冬は家の中で風が吹くのです。以前暮らしたことのある暖房のきいたサハリンの冬より、この家のほうが寒いと感じました。古民家は生活の合理化の面では使いにくいものです。私の母はリウマチだったので、もっと暖かで合理的な環境で生活してほしいと考え、小さな住宅を作って古民家は物置にしたのです」という文面である。

2階建ての旅籠ならではのバルコニーが再生できた。

解体作業は、建物内部にある生活用品などを含め、ゴミや埃との戦いになる。産業廃棄物の処理もリサイクル法が施行されてから、以前にも増してコストがかかるようになった。元の持ち主とのやり取りも密にならざるを得ない。お願いすることも増えるが、その分、古民家で過ごした日々の出来事や、手放す側の思いを伺う機会が多くなる。

このことは、再生する新たな家を設計し、現場でさまざまな判断を下すとき、私たちに何か力を与えてくれるような気がするのだ。これらのファクシミリは、今も大事に保管している。

大いに楽しんだ現場打ち合わせ

古民家再生の家を建てることは、施主側もやらなければならないこと、

キッチンは最新機器を導入。

決めなければいけないことが多い。現場に足を運ぶ回数が一般住宅よりも増えるのは、建築家だけでなく施主にも同じことがいえる。

　しかし石川夫妻は、その大変さも楽しんでおられたようだ。一緒に現場を見に行くと、石川さんは職人さんの技術を観察したり、わからないことを聞いたりしていて、実に生き生きとしていらした。

　施主が楽しそうであれば、私たちの仕事にも弾みがでる。

　石川さん一家は、夫婦、ご主人のお母様、成人されているお子さん二人の五人家族。敷地百坪の内、三分の一ほどの面積はお母様が二〇年来丹精を込めて手入れをしてきたという見事な庭がある。この庭に調和した建物にしたいということが希望でもあった。

　他にも、家族五人の各部屋を確保すること。最低一万冊は置ける書庫を作る。長年集めてこられた陶器と絵画を大量に収納する。

　これら数々の希望と条件を実現するために、建物の位置など数センチ単位での打ち合わせと、現場確認が必要となったのである。

風格を損なわない暮らしやすさ

　譲ってくださった古民家の持ち主もおっしゃっていたが、便利で合理的な生活と、古民家での暮らしは、相反するものと考えられているし、実際その通りである。

　しかし、古民家再生の家は、古い家の骨組みを生かしながら、個室を確保し、収納スペースも充実させることが出来る。最新機器を導入したキッチンだって可能だし、床暖房で寒さ知らずの住まいにも生まれ変わることも出来る。

　ただし古民家の風格、雰囲気を壊さないために、さまざまな工夫が必要となるのだが、ここが設計する側の知恵のみせどころと言えるのかもしれない。

　石川邸の場合、膨大な収納スペースを確保するために地下を造った。

　また、お母様の個室は板戸で仕切る造りとなり、完全な個室には出来なかったが、私たちとお母様自身と直接何度も話し合いを重ね、快く承諾していただいた。

　全部の打ち合わせ回数など数えたことはないが、電話やファクシミリを含めたらすごい回数になると思う。

　何か問題が起きると、大変役立ったのは、石川さんの奥様のメモだった。常に小さなことも書き留めてくださっていて、しみじみメモを残す大切さを実感する。これから、きちんとメモしようと心に留め、ここに記すことで自分への約束にしたい。

ここで紹介された石川邸は、場所を移して建て直す移築再生だが、古民家再生には、もうひとつ現地再生という提案もある。元々建っていた場所に立て直す方法だ。

古民家の持ち主が、自分たちの住まいのために再生することを指すのだが、これがなかなか実現しない。古い家がこれほど生まれ変わることを、石川邸を通して多くの方に知ってもらえたらと思う。

移築再生だけでなく、現地再生が実現できれば、世界に誇れる日本建築を、原型に近い形で残せるのではないかと感じている。

最後に、古民家再生の家について述べる機会を与えてくださった石川夫妻へ、感謝の気持ちを述べたい。

私たちも、石川さんと一緒に、のめり込むように移築再生の現場を見ることができた。解体と再生にかかわってくれた、大工さん職人さんの力添えにも感謝の気持ちで一杯だ。

2階バルコニーの手摺りにとまって庭を見る鳩。雀、ひよどり、尾長鳥等もやってくる。
(写真／石川)

古民家暮らしトラブル奮戦記

石川るい子

寒い暗い、古くて汚いはこうしてクリア

出雲の旧家で育った夫の家の思い出は、暗くて寒く、広すぎて寂しいにつきるという。山陰本線からも見えるような茅葺き屋根の大きな家である。

東京に移住して心底うれしかったのは、家が狭いことだったそうだ。

私の方は、東京生まれの東京育ちだったから始めからそんな「うれしい」(?)家に住んでいた。もちろん、うれしくもなんともなかったが。

蔵のある茅葺きの屋根の大きな家は、小説や映画の世界でしかなかった。

そこに住んだ人の大変さを思い知らされたのは、この家を建て、暮らしてからである。

とはいえ古民家移築者の寒さに関する情報はしっかり耳にしていたので、万全を期した。

建築家の提案で床暖房とエアコンの二重武装、なおかつペアガラスで機密性を高め、すきま風ゼロをめざした。

暗いについては、あまり気にならないどころか、「陰翳礼讃」である。

コンビニのようなしらっと影のない明るさは年のせいか疲れる。暗がりにやすらぎを覚えるこの頃でもある。

蛍光灯は電磁波による健康障害も懸念されるそうで、スポットライト型白熱灯を多数使用した照明プランは、大歓迎だった。

「古くて汚い」については、実はひそかに気になっていた。

見も知らぬ他人が百年以上も住み暮らしていたわけだ。

その重い記憶も引きずってくると思うと何か心にざわつくものがあった。

現地で見た家の、煤で黒くなった梁や柱は、よく見れば手あかやら訳のわからないものがどっさりと付着しており、誰も住まなくなった時間分の埃《ほこり》もかぶって、あくまでも黒ずみ荒んでみえた。

おまけに明治以降養蚕業を営んでいたという話を裏付けるように、あちこちに蚕の吐いた白い糸がへばりついている。

それらを目の当たりにした時は、正直のところ生理的に耐えられるかと不安になった。

しかし、はるばる川崎の建築現場に運ばれてきた古材を間近で見、手で直に触れているうちに、心配は少しずつ薄らいでいった。

現場に足を運ぶごとに、解体された柱や梁のなんともいえない風格が木肌を通して実感でき、親密感も増した。

一つ一つの傷や汚れも住んでいた人の生きた証として、大切にしたいと思うようになった。家を継ぐということはこういうことも一緒に継いでいくことに違いない。そうも思った。

ある方から聞いた話だが、古い人形を人から譲り受けることになり、どうしたものか迷いに迷って、ある高名な作家に相談すると、縁があってあなたのもとにやってきたのだから大切になさい、大切にすればするほど、新しい持ち主を護ってくれるのよ、と諭されたそうだ。

この家を通り過ぎていったおびただしい人々が、新しい住人となる私たちを見守ってくれると思うと心強い。

竣工直前にはきれいにクリーニングされ、さらにオイルを塗布された古材たちは、みちがえるように美しい面持ちで私たちをむかえてくれた。

新建材にはない、長い年月をかけてついた煤などの汚れ、手あか、傷、色落ちなども深いあじわいと感じられ、心から安堵し、不明を恥じた。

正しい道は暑かった

家の引き渡しは真夏だった。栗の床が素足に快く、引っ越しの作業も快適に進んだ。

その夏はひどく暑かった。涼を取るためにさっそく家中の窓という窓を全部開け放って思いっきり風を入れた。

自然の風が一番涼しく快いはずだ。

しかし、悲しいかな、そんなことでこの暑さを凌げるはずがない。

いままで冷房ガンガンの世界でずっと暮らしてきた〝不健康家族〟の私たちである。

今度は家中のエアコンをつけてまわった。おかげで、完全冷房の涼しい夏となったが、古民家暮らしの正しい道

出雲の夫の生家。築200年の大きな茅葺き屋根が山陰本線から見えたそうだ。

移築再生された古民家。屋根はさすがに新建材。

を踏み外したようで少し後めたくもあった。

又、この夏は、不思議にも蚊が一匹も出なかった。古民家からは蚊のイヤがるものでも放出されているのか。

と思ったら案の定だった。濡れ縁に使った青森檜葉は防虫効果のある精油ヒノキチオールを含んでいることが判明。「総檜葉作りの家を建てると三年蚊が出ない」のだそうだが、濡れ縁だけだったので翌年からはしっかりと蚊も復活した。

悲鳴？ それともささやき！

パキッ。パシッ。ギリッ。

引っ越して間もなくそんな音が夜となく昼となく家のどこからかするようになった。乾燥した木がはしれる音だ。

よく見ると梁や柱に、深い亀裂が生じている。白い木肌までが見えた。

「木がささやいていると思えばいいんじゃないですか」

と、棟梁はこともなげにいう。

木のことはなんでもござれの棟梁にはさして問題にもならないようなことなのだろう。

なるほど、そんなものかと安心した。

しかし、このままどんどん割れていってしまったらどうなるのだろう。

心配性の夫と私は、バキッと木がささやくたびに、ドキッとして、梁を柱をうかがい、顔を見合わせた。

さらにある日のこと、風呂の窓枠を見てびっくり仰天。大きなガラス戸の木枠に黒カビが生えていたのである。

住んでわずか一ヵ月足らずにしてカビである。

まさかそんなことがと目を疑った。浴槽こそ琺瑯《ほうろう》だが、天井と壁は檜である。思わずぐるりとみまわす。

こちらはまだ大丈夫のようだ。

「ここだけは防腐剤を使いましょう」かくあることを予測していた設計者の有無を言わせない説得を思い出した。

風呂に入るのもそこそこに、あちこち掃除していたつもりだったのに……。なさけない。

はめ殺しのガラス戸から窓枠に落ちた水滴がそのまま枠にたまり、風呂の湯気で温められカビの繁殖を促し、このような事態になったらしい。

風通しが悪かったということである。換気扇が浴室の広さに比べ小さすぎたことや、ドアの下に通気口がなかったということも一因かもしれない。しかし最大の原因はやはり手入れの仕方だ。

「他の方の家のお風呂は大丈夫だったんですがね」と気の毒がる建築家夫妻のことばが胸に痛く響いた。

反る、打つ、割れる！

秋になるとようやく地下の書庫に本も納まり、庭も整い、生活も少し落ち着きをとりもどしつつあった。

改築中お世話になったご近所の方をお招きし、ささやかな宴をもうけ、家の披露目もした。

そして、床暖房の季節がやってきた。

母の部屋には炬燵が出され、その上には欅の板がおかれた。居間のテーブルと共材で作ってもらったものだ。

ところが炬燵に温められ、この板が波打つように反った。

四方を枠で囲ったデザインのため、行き場を失った材が複雑な暴れ方をしたのだった。裏返しに置いても元にはもどらない。

和室の座卓とおそろいで作った二階の客間の欅のテーブルも、足が開き、割れた。

あちこちの建具にも隙間ができはじめ、とどまることをしらない。玄関の床も足に感じるくらい隙間が開いた。

居間の欅の大テーブルも例外ではなかった。九センチもの分厚い板が反ったのである。ムクの板の気難しさには全く お手上げ状態だ。

十二月に入って、床暖房をした上、エアコンも併用し始めると、事態はさらに悪化。

エアコンの風が、居間と和室の八畳間を仕切る古建具の欅の一枚板を直撃、枠と欅の板との間がみるみる開き、亀裂が出来る寸前まで反ってしまったのである。

同じように二階の寝室のクローゼットの扉も捻れるように反っくり返り、呆然とした。

クローゼットの方は、直ぐに取り替えてもらうことになったが、問題は欅の一枚板の方である。

こちらはやっとのことで、手に入れた貴重な古建具だ。おいそれと替えは見つからないし、高価なものでもある。

乾燥から木を守るには、暖房を最小限に抑え、人間が寒さを我慢するしかない。

冬、長火鉢で火をおこしてみたが、暖をとるという程でもないのに炭が異様に早く無くなった。

寒さにも暑さにも、からきし弱い不健康家族である。ブーイングのわき起こる中、まず、原則としてエアコンは使わないことを宣言した。

しかし、床暖房だけはさすがに切る訳にはいかない。

次に、加湿器を買い込んだ。一部屋ずつ置き、ほとんど四六時中つけっぱなしということになった。


うー寒っ、というのが朝の挨拶だ。どてらを羽織り、ガウンを二枚重ね、分厚い毛糸のカーディガンを着込み、各人各様の風体で朝食をとる。冬は、家のなかでも寒いものだということを改めて、噛みしめながら。

古民家暮らしは一に忍耐、二に忍耐である。

うそーっ、天井からぽたり

ある冬晴れの寒い朝。二階寝室のテーブルに水のようなものがこぼれているのを発見した。

ここで飲み食いは一切しない。ではこれはいったい何！

ティッシュで拭くと少しばかりねばりがあって薄く色もついている。イヤな予感がした。

気がつくと、廊下やロフトに置いてあるたんすの上にも、垂れているではないか。二階の手洗いの床、二階の四畳半の和室にもぽたぽた落ちている。

天井をよく見ると、何か水滴なようなものが板と板の間で光っている。

ぬれ縁に腰掛け庭を眺めながら、とりとめのない話で時間の経つのを忘れる——そんな時間が早く欲しい…。

ひょっとして、これは脂《やに》！

以前二階のバルコニーの梁から脂がつーッと出て固まっていたことがあった。何百年たっても木は生きているんだと、脂を見上げながら感心したことがあった。

脳裏をかすめたのが、この脂のことだった。

しかし、今回は感心している場合ではない。

垂れているところを探していくと、全てが北側の吹き抜け天井から落ちているということが判明した。

では屋根の構造になんらかの問題があったということになるのだろうか。

コロニアルの屋根から杉板天井までの間にいわゆる屋根裏という空気の通り抜ける空間がない。

おまけに家中ペアガラスである。

外気で冷え切った北側の大屋根と天井の間で、暖房で温められた空気が、行き場を失い、天井板に結露し、脂とともに板の隙間から落ちてきたというのがどうやらことの真相のようだ。

屋根は茅葺き、暖房は囲炉裏ならこんな問題は起こらなかった⁉

漆喰壁に茶色い筋が……

構造上の問題だからといって、屋根を作り替える訳にもいかない。

とりあえず、屋根裏のロフトにある換気口から強制的に空気を外へ出そうということになり、大きい換気口が取りつけられた。

が、残念なことに、ほとんど効果はなかった。

脂混じりの結露は、天気の良い日に限り、日が高く昇るにつれて、これみよがしにぽたぽた落ちるのだった。

和室にはビニールシートが、床や置物の上には新聞紙が敷きっぱなしになった。

こうして脂騒動は、次の年の冬も繰り返され、なすすべもなくひたすら暖房が不用となる春の到来が待たれた。

そして三年目。抜本的な解決策として、屋根の棟にあった換気口を、更に大きなものに取り替えることになった。

　これでもう大丈夫でしょう。

きっと、これならね。

　大きくなった屋根の上の換気口を思い描きながら、建築家ご夫妻とみんなでうなずきあった。

　三回目の冬が来た。

　今年は大丈夫みたいだ。

　床暖房をつけても今回はなにも落ちてこない。天井を見上げながら二人で胸をなでおろした。

　やはり換気口の取り替えが効を奏したのだろうか。

　ところがどっこいである。喜んだのもつかの間、今度は今までとは全く違った場所にぽたっと落ちてきた。

　しかも七メートルある客間の天井からの落下である。上に掛けられてあった布を貫通、下の家伝来の漆塗りの置物に脂がべったり、という見るも無残なことに……。

　今回は、例年より量が多く、しかも同時多発的に落ちてくるようだ。

　ベッドも移動を余儀なくされた。

　机に向かっていると頭の上にぽたっ。

　階段の上り下りも要注意だ。

　ついに漆喰壁にも、茶色の筋が幾筋も付くに及んだ。

　新聞紙の敷き詰められた寝室や客間、和室に足を踏み入れる度に、なんでこんなことにと、なさけない思いがこみあげる。

　冬の古民家暮らしはまさに、オーマイ　ゴッド！　の連続である。

やっぱり風が一番

　この騒動は、思いがけない形で決着した。

　風である。夫が、寒いけどやっぱり風しかないかも、と言い出した。

　しかも脂が落ちるのは日が高く昇り始める午前中と決まっている。

　朝から窓を開けっ放しというのはかなり勇気のいることだが、それしかないか。

　最近、脂のほうも遠慮えしゃくがなくなり、どこへでも落ちてくるようになった。寒がっている場合ではない。

　寒さを耐えるか、脂を耐えるか。究極の選択である。

　古民家暮らしはやっぱり、一に忍耐、二に忍耐、だ。

　朝起きると同時に天窓をめいっぱい開け放ち、二階の寝室と客間の窓も開けたまま出かけてみようということになった。

　昔の人はエラかった。こんな寒さの中で、朝支度をしていたのか。服を着替えながら思った。そして夜、暖房ガンガンの会社からおそるおそる帰ってみると、な、なんと脂は全く落ちていないではないか！

　要するに寒ささえ我慢すれば、風が簡単且つ安上がりの脂結露防止策だったのだ。

　思えば回り道をしたものだ。

　幸いなことに、吹き抜け天井の部屋は予備室と私たち夫婦のプライベートルームだ。ふたりが我慢すればことはすむ。

　一年中冬というわけではない。冬来たりなば春遠からじである。

　しかし、古民家暮らしは、春がほんとに待ち遠しい。

ハチはどこから？

　冬の天窓は、換気のために大いに役だったが、問題は夏である。

　ハチの大量発生がマスコミで騒がれていたその年の夏、わが家にもハチ騒動が勃発した。

　しかもまたもや寝室に。寝室は鬼門

だ。

家の窓には全て網戸がはまっているはずなのに、何故？

家の中にハチの巣でもあるのだろうか。見つかっても怖いし、みつからないのももっと怖い。

家をぶんぶん飛び回るハチはもっともっと怖い。なんとかしなければ。

これはかりは男の出番だ。

夫が、ガムテープを巻き付けた布団たたきをおっとり刀にハチを追いつめ、大立ちまわりのあげく、やっとの思いで何匹かをしとめてくれた。

しかし、ハチもさるもの。退治しても退治しても、毎日のようにぶーん、とやってくる。この先の見えない戦い、いつまで続くのやら。

ある時ふと気がついた。網戸のない窓があった！

天窓である。夏は夜以外ほとんど開けっ放しにしている。ひょっとしたら、侵入箇所はここかもしれない。

しかし、こんな高いところまでハチが飛ぶものだろうか。

近所の人の話では、家の二階の軒下にハチが巣を作ってしまい大変だった、という。ハチは高くても平気らしい。そのハチの巣と我が家は五十メートルぐらいしか離れていない。

あわてて天窓を閉めた。

案の定ハチはやってこなくなった。

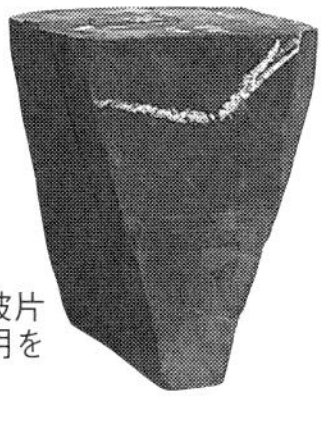
古材の破片から照明を作った。

夏の天窓は鬼門である。何がやってくるかわからない。

古民家暮らしは、毎日が戦いだ。

掃く、拭く、磨く、そして掃く　古民家暮らしはせわしない

この家に暮らすようになって一番変わったのは、家事嫌いの私がそうはいっていられなくなったことだろうか。

「いつ来てもちり一つ落ちていなくて感心しちゃうよ。こういう家だもん、きちんとしてなくちゃみっともないもんね」

ある人からそういわれ、こりゃ大変と思った。玄関だけなら問題はないが、家中となると、いくら掃いてもおっつかない。

しかも、人の目は容赦ない。いつ上がってもらっても「ちり一つない」ようにきれいにしておくのはなかなか至難の業だ。

こんな家だからこそ人目も気になる。気になるから掃除をする。掃いて、拭いて、磨いての繰り返しだ。

人は如何に汚す動物であるか、実感する毎日である。

そして同時に、家というものが、手入れをしてやればやるほど、心地よい空間を人に返してくれるものだということも知った。

あたりまえのことだが。

絶え間ない掃く、拭く、磨くが、家を造り、そして次世代に継いでゆくことになる。

少し前の母のように、せわしなく立ち働くということが、家造りにとってはどんなに必要不可欠なことだったか思い知った。

外に出ていると見落としがちな、家事という、細かいさまざまな仕事の積み重ねから、無名の女たちが一家というものを形作り、継いできたのかもしれない。

専業主婦は、仕事を持っている女性に比べ否定的に語られることがある。

私は逆に、家の仕事師という意味では、大変なキャリアだと常々思っていたが、この家で、それを再確認した。

掃除、炊事、洗濯、どれをとっても終わりのない作業で、手抜きをしようと思えば限りもなく、しっかりやろうと思えばこれまた限りないことでもある。

夏の朝、軒桁に見つけた蝉の抜け殻。

女性は四六時中、しかも生涯仕事師なのである。

私のこれまでの家事下手の気まま生活ほど古民家暮らしに似つかわしくないものはない。

古民家暮らしはせわしないものなのである。テレビの前でどっかりすわって、ワイドドラマを見ている時間などあるはずもない。ないはずだが、何故か、家族のものたちからは、しっかり見ていると思われている。私の不徳のいたすところだ。

ここまできて、「そんなに大変な家に何故住んでいるのか」という素朴で鋭い質問がとんできた。

「そうなんですよ。それが謎なんです」という訳にもいかないが、それに近い答えしか浮かんでこない。

要するに家というものは生きものであり、一筋縄ではいかないものだということを、思い知らされたのである。しかも何百年の年月分、家の方にも人間にいろいろ言いたいことがあるのではないのだろうか。

住む方も気合いを入れてかからなければ申し訳ない。その対話がたいへんスリリングで心躍ることでもある。

そのように私は思うようにしているが……。

答えになっているだろうか？

家造りから本作りまで
お世話になりました

上棟式の日から、ずっと写真を撮り続けてくださった松浦秀介さん、氏の力添えなくしてはこの本は誕生しなかっただろう。感謝してもしたりない。また、家造りから本作りまで丸五年間もおつき合いいただいた建築設計士の清水康造、佐々木祐子ご夫妻にはお礼の言葉もない。

木のことならお任せという棟梁の岡田正典さん、左官の親方加藤信吾さんには忙しい現場で無理を言ってプロセス写真を撮らせていただいた。基礎工事の三辰工建の皆さんのご近所への気配り、上棟式で鳶の皆さんが歌われた木遣には本当に感銘した。アイディアマンの旭住建社長三谷秀隆氏、いつも冷静でにこやかな現場監督の高橋正博さん、古建具の修復にも腕を発揮された建具師の高橋さんに、塗装の本田さん、木村電気さん、手作り家具も作ってもらった株式会社クレドの職人さん等々には、家造りで大変お世話になった。元の庭を生かしこの家に相応しい庭を造ってもらった石坂秀男さんにもこの場を借りてお礼を申し上げる。

本作りでは、写真撮影手伝いと千点にも及ぶ写真整理に協力してくれた林かほりさん、彼女のおばあさままで、すてきな花を生けて下さった古流松藤会の林理舞さん、フレッシュな感覚とひたむきのがんばりでタイトな時間の中でレイアウトデザインを仕上げてくれた下村敏志さん、心よりお礼を申し上げたい。そして娘の石川真來子には撮影手伝いから本のデザイン、イラストまで多岐にわたって手伝ってもらったことも感謝の念と共に付記したい。編集進行管理に関しては大西香織さん、安楽まりさんにも多大にお世話になり、深く感謝するしだいだ。

古民家用語メモ

この本に出てきたちょっとわかりにくい、古民家独特の建築用語を中心に紹介。

■あ行

明かり障子（あかりしょうじ）
木の桟に和紙を貼っただけの、腰板のないシンプルな建具だが、採光にも暖房にも優れていることで、国際的評価も高い。障子のルーツは奈良時代の家の内部を間仕切るための衝立。現在のような紙の障子になったのは鎌倉時代といわれる。

石端立て（いしばだて）
柱を礎石の上に立てる工法。土に穴を掘って柱を立てていた時代もあったそうだが、木が腐りやすいため、石の上に立てるようになった。古民家ではよく見られる工法。

板目（いため）
年輪の接線方向に切った面。木目が平行になっておらず、不規則な波形状になっていて、板の真ん中当たりにタケノコのような木目模様が表れることが多い。

囲炉裏（いろり）
農家の土間から上がった板の間に煮炊きや暖を取ったりするために切られていた炉。明かりともなり、夜なべ仕事や一家団欒の場として古民家のシンボル的存在。炉の上には火棚と呼ばれる格子組の棚があり、鍋や鉄瓶を火の上に吊すための自在鉤がついている。

大壁（おおかべ）
柱や梁を見えないように塗り込めた壁。伝統的な日本建築の壁は柱や梁を見せる真壁（しんかべ）が普通だが、現代では木造建築であっても、和室以外はほとんどがこの大壁だという。

落し掛け（おとしがけ）
床の間などの前面上部に付けられた小壁を受ける水平材。

■か行

框（かまち）
段差のある床の端を隠し飾るために取り付ける化粧材。取り付ける場所によって呼び方が変わる。玄関の框は上がり框、縁は縁框、床の間は床框と呼ばれる。建具の外枠のうち、縦方向の部材も框と呼ばれる。

鴨居（かもい）
部屋の開口部上の水平材で、小壁や欄間を受け、建具が建てられるように溝が敷居と合わせてついている。

茅葺き屋根（かやぶきやね）
茅はイネ科の多年草で別名ススキのこと。日当たりの良い山野に自生していた。一般にはススキやヨシなどの草で葺いた草葺き屋根を総称して茅葺き屋根と呼ぶ。現在では材も入手困難になり、茅葺き職人もいなくなりつつある。

釘隠し（くぎかくし）
打ち付けた釘の頭を隠すための金物。座敷などでは意匠をこらしたデザインのものがみられる。

管柱（くだばしら）
二階建て以上の建物で一階毎に切られている柱のこと。階上まで延びた柱は通し柱という。

格子戸（こうしど）
細い角材や竹を組み合わせて作った建具。用途に合わせ様々な種類がある。

小屋組（こやぐみ）
家の最上部に位置し、屋根を構成する骨組みのこと。

■さ行

竿縁天井（さおぶちてんじょう）
竿縁という細い部材を一定間隔あけておき、その上に薄い天井板を羽重ね（板同士少し重ね合わせること）で張った日本独特の天井。

差し鴨居（さしがもい）
隣り合う二間を連続して使うため、また、大きな開口部をとるために間隔が大きくなった柱と柱の間に架けられた太い鴨居。仕口で柱に差し込まれ、軸組の強度を高める構造的な役割がある。

漆喰（しっくい）
消石灰とわらすさと川砂と土に角又（つのまた）という糊を混ぜてこねあげた壁材。

絞り丸太（しぼりまるた）
表面が細かく波打った凹凸模様（絞り）のある丸太。床の間の床柱などに装飾を目的として使われることが多い。

地窓（じまど）
和室の地板に付けられる高さの低い障子。

聚楽壁（じゅらくかべ）
伝統工法の土壁の一つ。秀吉が

造営した京都の「聚楽第」の近辺で出た土を使ったのが始まりとされている。聚楽土とすさと川砂を水だけでこねるというのが本来で、深い色合いと暖かい質感が出る。非常にクオリティーの高い土壁として床の間の壁に使われることが多い。

書院造り（しょいんづくり）
　数寄屋造りとともに現代の和風住宅の元祖ともいえる住宅様式。さらにさかのぼると平安時代の貴族の住宅寝殿造りということになる。書院造りは武家社会の中で長い時間をかけて作り上げられてきた様式で、用途別に部屋が分かれ、間仕切りに障子や襖が立てられ、客室には床の間ができ、床には畳が敷き詰められた。今もなお、われわれの住宅に様々な形で残され生き続けている。

上棟（じょうとう）→「棟木」参照。

真壁（しんかべ）
　柱と梁が見えるように塗った壁。伝統的木造建築ではごく一般的な壁だったが、今では柱も梁も見せない大壁が主流である。

■た行

大黒柱（だいこくばしら）
　一家を支える人の例えとしてよく使われるが、梁と梁が交差し力のかかる部分に立てられたひときわ太い柱のことを言う。古民家では土間と居間や、板の間と座敷の境などに立てられている。

手斧（ちょうな）
「釿」とも書く。かんなが発達する前は、丸太をこの手斧で削り取って（手斧はつりという）、柱にしたり梁にしたが、道具の発達とともに現代では使われなくなった。手斧跡のある柱は古い家の証拠ともなる。→67頁参照

継手・仕口（つぎて・しくち）
　釘を使わず材と材をつないで長い材にするときに使うテクニックが継手。二つの材を直角や斜めに組み合わせたり差し込んだりするのが仕口。釘を使わない様々な継手が大工によって創意工夫されてきた。日本建築が釘を使わなくても堅牢な家を建てられたのは、このような高度な技術があったからともいわれている。→82頁参照

通し柱（とおしばしら）
　二階以上ある建物の柱で途中で切らず、一本そのまま通して入っているもの。

床の間（とこのま）
　座敷の上座にしつらえられた掛け軸や生け花などを飾る一畳ほどの装飾空間。古くは寝床の「床」でもあった。室町時代には、位の高い人が座る場所ともされ、更に仏画の前に置き花などを飾った押板が変化して床の間になったといわれている。庶民の住宅に見られるようになったのは、江戸中期。正式な床の間を本床と言い、床面が少し高くなっている。床板、床柱、落とし掛け、床框などで構成されていて、材を凝らすことが多い。

土佐漆喰（とさしっくい）
　焼いた消石灰に発酵させたわらすさを混ぜ、こねて寝かせた壁材。糊を入れないため普通の漆喰壁よりカビやひび割れに強く、耐久性が高いので外壁などに使われることが多い。昔は四国の土佐で行われていたローカルな工法だったが、今では全国的に知られるようになった。

土間（どま）
　現代の居住空間からはほぼ姿を消してしまった、屋内にあって床の張っていない土場で、土と石灰と苦塩（にがり）の三つを合わせて練り固めたことから「三和土（たたき）」とも呼ばれる。農家であれば、煮炊きする竈だけでなく、作業場として農具を置いたり、牛や馬まで飼っていた。町屋では表から裏に抜ける通路でもあった。

■な行

長押（なげし）
　鴨居の上部四周、柱と柱に渡された水平の化粧材。

納戸（なんど）
　現在では物を収納する場所を指すが、昔は板壁で囲まれた寝所を兼ねた場所だったそうだ。いつのころからか寝所は独立し、納戸は室内の物置となった。

貫（ぬき）
　柱に穴を彫り抜き、柱を繋ぐために貫き通した横板のこと。軸組を固める構造材としての役割がある。使われる場所によって地貫、胴貫、内法貫など呼び方が変わる。

濡れ縁（ぬれえん）
　室外に設けられるもので外との仕切りに建具があれば縁側といい、なければ濡れ縁になる。部屋の高さより低く、庭があればここを通して出入りがしやすく、来客があればお茶もできるゆとり空間でもある。

根太（ねだ）
　床の下地材。床下で床板を支える横材。天井をはらず二階の根太と床をそのまま見せた天井は

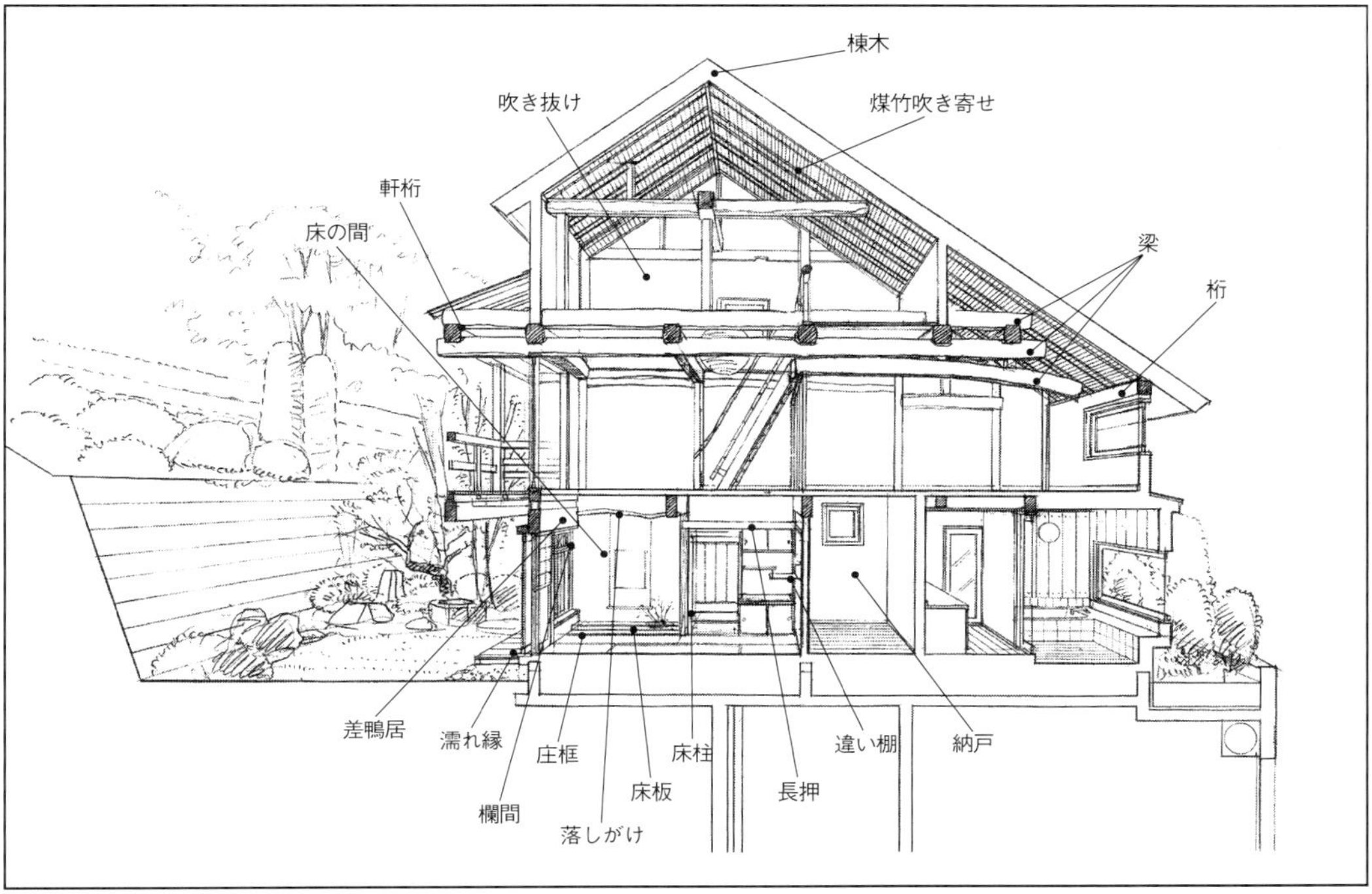

「根太《ねだ》天井」と言われる。

軒桁（のきげた）

建物の側柱の上で垂木を受けて棟木と平行に掛け渡された横木。

■は行

梁（はり）

屋根や床、家の上部の荷重を受け支えるために柱の上に架け渡す水平材。桁と区別するために、棟木に対して直角に架けたものだけを梁という場合もある。

吹き抜け（ふきぬけ）

二階以上の家で階を区切る床がなく、最上階まで一続きに繋がったスペース。

吹寄せ（ふきよせ）

細い部材や目地を二本から数本部分的に集めて配置すること。変化のあるリズムを作り出し、障子の組子や格子戸や、天井の竿縁にも見られる。

■ま行

柾目（まさめ）

木の中心を通って縦に切った面で、木目が縦に真っ直ぐに走っている。狂いが少ない良材の板がとれる。

棟木（むなぎ）

棟は屋根面が交差するところ。その家の最も高い稜線であり、家の要である。そこに置かれた水平材が棟木。上棟式とは、柱と梁が組み上がり、この棟木が小屋組の上にのった時に、工事の無事を祈って行う神事。「建前」とも言われる。

木目（もくめ）

製材された木の断面に模様のようになって表れる年輪や繊維や導管。杢目、木理とも言う。

■や行

雪見障子（ゆきみしょうじ）

一部にガラスを入れて、雪景色など外の様子が見えるようになっている障子の総称。ガラスが入っただけのもの、ガラスの内側に上げ下げできる小さな障子が入ったものなどがある。

■ら行

欄間（らんま）

鴨居の上部、部屋と部屋の境や室内と外の境に換気や採光のために設けられた飾り窓。透かし彫りなど意匠を凝らしたものが多い。

あとがきにかえて　三つの古民家

梅雨入り前のさわやかな五月の下旬、高校時代の友人と還暦祝いと称して二人旅をした。この旅で見た三つの「古民家」についてふれたい。

一つは彫刻家イサム・ノグチのアトリエとして移築再生された通称イサム家。

四国の高松から車で四十五分、彫刻用の石としても名高いあじ石の産地牟礼《むれ》のイサム・ノグチ庭園美術館の一角にある。

今回は家の内部までは残念ながら見ることはできなかったが、玄関からの中を覗いてみると写真で見た暗く重々しい感じはまったくなく、光が静かに家を巡っていて、ふしぎな開放感があった。ガラスがないため、外と内を仕切るものは明かり障子一枚だ。そのせいだろうか。イサムの仕事場として使われていたという展示場は、元は酒蔵であり馬小屋だったそうだ。

古い土壁と梁と柱が、ノグチの存在感あふれる作品に実にマッチしていた。

外に出ると初夏の明るい日差しをあびて点在する作品群の向こうに海へと続く山並と空が大きく広がっていた。

二つの祖国に引き裂かれた芸術家が何故この地に古い民家を移築して仕事場を持ったのか、彼の心象風景をのぞき見るような気もした。

京都で見た陶芸作家河井寛次郎の家は同じ芸術家ではあっても対照的だ。

飛騨の古い家を参考にし、寛次郎の徹底したこだわりによってデザインされた古民家である。隣家との軒を接して続く陶器の町にあり、家の内部は仕事部屋や納戸や座敷が迷路の様に複雑に繋がっていて、そのど真ん中に登り窯がある。

戦後の民芸運動の代表的作家として活躍した作家だけあって、家の至る所に日本だけでなく世界各国で蒐集された古民具が置かれ、彼のデザインした椅子や机が、陶器作品と共におかれている。

どれが作品でどれがコレクトされたものか資料を見なければわからない。

有名無名は、物作りの外側から押しつけた評価にしか過ぎないわけだから、それでいいのかもしれしない。

この家が河井寛次郎記念館として保存されているということは、この家全体が「民芸」運動を具現したものだということになる。

私にとっては正直少し息が詰まり、疲れを覚える空間でもあった。

三つめは瀬戸と京都で十四代続いているという陶芸家加藤輝雄氏のお宅だった。

滋賀県の野洲《やす》川沿い、遠く鈴鹿の山々が見える農家を借りて窯を設け、そのまま仕事場兼、住まいとして使っておられた。

新緑に輝く庭の木々が、家のまわりに広がる畑から渡ってくる風に揺すられさわさわと鳴り、鳥のさえずり等も聞こえる、気持ち良い昼下がりにお邪魔した。屋根は茅葺きではないが、一見して古い農家の母屋だということが知れる。土間があり、竈があり、囲炉裏があり、家の回りには薪が堆《うずたか》く積み上げられていたりする。何か懐かしい風景だ。家の外にある手洗いは、もちろん水洗であろうはずはない。この分だと五右衛門風呂だろうか…？（後でお聞きしたらふつうのお風呂だった。）

私たちが部屋に上がると、囲炉裏には、さっと数枚の板が置かれ、食卓がしつらえられた。その上に夫人の手になる季節の料理が並ぶ。器はもちろん作家自らが焼かれたものだ。

家の回りを一巡して採ってきたという菜を具に入れた野趣あふれるみそ汁、茄子の煮物に散らされたクコの実の鮮やかな赤、生春巻きやちらし寿司にあふれる季節の旬の香り……どれもが自然を取り入れた心にくい食の演出だ。

さりげなく、手際よくそれでいて心のこもったおもてなしというものを目のあたりに、もてなし下手の私は内心忸怩《じくじ》たるものがあった。

夏、風の吹き抜けていく部屋で昼寝をしてしまう客もあるそうだ。これこそ正しい古民家生活かもしれない。

それにつけても我が家の古民家暮らしは如何に、と思いめぐらしつつ帰途についた。

思うに三つの家の主はいずれも物を創る人々である。それにひきかえ私は一市井人であり、名もない一介の主婦にすぎない。古民家移築再生したからといって何だというのか。

単なる家自慢でしかないといえばいえる。

しかし、あるときこんな一文を新聞で見つけた。

「人は住むものである。住むことによって人間たりうる」

目から鱗だった。

私がこの家に住まいすることによって、見て感じた全てが「人間たりうる何か」なのである。

そう思うとなんとなく安堵した。

思い込みの激しい、拙《つたな》い本作りとなったが、家造りから本作りまで様々にご教授いただいた清水康造氏と佐々木祐子氏には心から感謝申し上げ、また、陰となり日向となり応援してくれた夫には感謝してもしたりない。本書の発刊に対しご尽力いただいた飛鳥新社社長の土井尚道氏にも心からお礼申し上げる。

平成十四年九月　石川るい子

古民家について情報が欲しい方は、日本民家再生リサイクル協会というNPOの団体に問い合わせてみるのがベター。会員になってもならなくても親切にいろいろ教えてくれる。会員になれば、古民家見学が出来るし、定期的に会報も届く。また、古民家を譲りたい人、移築再生したい人をつなぐ「民家バンク」も設置されている。

特定非営利活動法人
日本民家再生リサイクル協会（略称JMRA）

会長　観世榮夫（能役者・演出家）

当協会は、日本の住文化の結晶ともいえる民家を守り、活かしていくことを目的に1997年9月に設立されました。民家に関するあらゆる情報をネットワークし、民家の再生・リサイクルを進める活動を展開しています。

具体的には、『民家』の発行、各種見学会・セミナー・研修会の実施、民家フォーラムの開催などの啓発と、民家を再生・リサイクルを進めるための相談活動、「民家バンク」「JMRA古材ネットワーク」の運営などを行っています。建築家、工務店などの専門家に限らず、民家に関心ある人なら誰でも会員になることができます。現在会員は2100 名。

全国9地区(北海道・東北、北関東・甲信越、首都圏、東海、北陸、近畿、中国、四国、九州、沖縄）に運営委員会を設置し、地域に密着した活動を進めています。

主な活動

1. 情報誌『民家』の発行、書籍の出版
2. 各種イベントの実施
3. 民家フォーラムの開催
4. 民家再生相談の常時実施、建築家・施工業者の紹介
5. 「民家バンク」「JMRA古材ネットワーク」の運営
6. まちづくり、むらづくりに関する調査、提言

民家誌

再生民家見学会

茅葺き実演

ショップ

会員と会費

正会員個人
入会金10,000円
年会費12,000円

正会員団体
入会金10,000 円
年会費30,000円

友の会会員
入会金　なし
年会費6,000円

いずれの会員にも、隔月に『民家』『JMRA通信』を送付、各種イベントを案内。

特定非営利活動法人
日本民家再生リサイクル協会

〒102-0093 東京都千代田区平河町2-15-19-101
TEL 03-5216-3541（代表） FAX03-5216-3542
http://www.minka.gr.jp/

参考文献

「木造建築を見直す」岩波新書　坂本功/著（岩波書店）
「現代の民家再考」降幡廣信/著（鹿島出版会）
「日本の家」　中川武/著（TOTO 出版）
「「木」の再発見」　黒木正胤/著　（研成社）
「民家に学ぶ家づくり」平凡社新書　吉田桂二/著（平凡社）
「古民家再生住宅のすすめ」　宇井洋/著　石川純夫/監修　(晶文社）
「木のデザイン図鑑」（「建築知識」別冊）（株式会社建築知識）
「緑のデザイン図鑑」（「建築知識」別冊）（株式会社建築知識）
「古民家再生術」（別冊太陽）（平凡社）
「古民家に暮らす」　コロナ・ブックス　（平凡社）
「木を読む」　林以一/著　（小学館）
「木の名前」　岡部誠/著　（婦人生活社）
「木の写真図鑑」　アレン・コーンビス/著　マシュー・ウォード/写真　濱谷稔夫/翻訳・監修（日本ヴォーグ社）
「名人庭師 とっておきの知恵袋」　平野泰弘/編著（講談社）
「左官［超実用］テクニック読本」（株式会社建築知識）
「大工道具の本」　社団法人全日本建築士会付属建築道具館編（理工学社）
「図解・木造建築入門」　尾上孝一/著（井上書院）
「日本民家紀行」　高井潔/著　とんぼの本　（新潮社）
「民家」（日本民家再生リサイクル協会）
「住まいの伝統技術」　安藤邦博・乾尚彦・山下浩一/著　（株式会社建築資料研究社）
「壁・窓・格子」写真集　増田正（グラフィック社）
「格子の表構え」（株式会社学習研究社）
「和風デザイン図鑑」（株式会社建築知識）
「建築大工用語集」　新井春男・前場幸治・藤間興治・山本文一／編集者（株式会社東洋書店）
「外壁の意匠」株式会社建築資料研究社（株式会社東洋書店）

民家再生について もっと知りたい方へ

「民家バンク」利用の流れ

「民家を提供したい人」からの情報

▼

JMRA 会員の登録事業者が現地調査

▼

当バンクに登録し、情報誌『民家』等に掲載

▼

「民家を引き取りたいという人」は当バンクに申し込む

▼

「提供したい人」と「引き取りたい人」を結ぶ

監修

清水康造
1940年、東京生まれ。早稲田大学理工学部建築学科卒業後、円堂政嘉建築設計事務所入所。73年ISS総合計画事務所設立。スポーツ施設設計の他、住宅設計を数多く手掛ける。86年Gプランニングアソシエイツ一級建築事務所設立。得意分野は古民家再生住宅。特に自然素材を使用した、長く住み続けることのできる住宅。

佐々木祐子
1956年、静岡生まれ。芝浦工業大学建築学科卒業。AMO設計事務所(株)入所。Gプランニングアソシエイツに参加。住宅、別荘を得意とする。清水康造とともに、設計活動をはじめる。近年は、特に古民家を現代の住宅などに再生する計画多数。一級建築士。

Gプランニング アソシエイツ
〒169-0051東京都新宿区西早稲田3-12-3-103
TEL.03-3209-3564 FAX.03-3209-8405
e-mail:gplan@air.linkclub.or.jp
URL:http://www.linkclub.or.jp/~gplan/

写真

松浦秀介
日本大学芸術学部写真学科卒業。秋山庄太郎に師事後、フリーの写真家として活動。広告、出版の分野でポートレート、ファッション、コマーシャル等、人物を中心とした写真を手掛け活躍中。他写真集の出版、個展の開催等。日本広告写真家協会会員、日本写真家協会会員。

編著

石川るい子
1942年、東京生まれ。多摩美術大学油絵科中退。メタモル出版勤務。音楽書、児童書、各種雑誌等の編集に携わる。短歌誌「到草」会員。
国際フランツ・シューベルト協会運営。

装丁・本文デザイン/下村敏志、石川真來子
カット/石川真來子

古民家暮らし私流

2002 年11月1日　第1刷発行

編著　石川るい子
監修　清水康造
発行者　土井尚道
発行所　株式会社飛鳥新社
〒101-0051
東京都千代田区神田神保町3-10
神田第3アメレックスビル
電話03-3263-7770
URL　http://www.asukashinsha.co.jp
メール　info@asukashinsha.co.jp
印刷所　日経印刷株式会社

ISBN4-87031-524-6
定価はカバーに表示してあります。
落丁、乱丁本は、お手数ですが、小社営業部宛にお送り下さい。
送料を小社負担で、お取り替えさせていただきます。